本书是2021年度国家社科基金重点项目"中国共产党革命精神谱系研究"（项目编号：21ADJ011）的阶段性成果

百年红色记忆

红色旧址手绘系列读本

高等学校中国共产党革命精神与文化资源研究中心
教育部高等学校社会科学发展研究中心 组编

王炳林 杨敬民·总主编

北京卷

黄延敏 ◎ 主编

赵东旭 ◎ 执行主编

中国文史出版社

图书在版编目（CIP）数据

百年红色记忆 . 北京卷 / 黄延敏主编 . -- 北京：
中国文史出版社，2020.11

（红色旧址手绘系列读本）

ISBN 978 - 7 - 5205 - 2857 - 3

Ⅰ. ①百… Ⅱ. ①黄… Ⅲ. ①革命纪念地—北京—图
集 Ⅳ. ① K928.72

中国版本图书馆 CIP 数据核字（2020）第 256954 号

责任编辑：金　硕　刘华夏

出版发行：中国文史出版社

社　　址：北京市海淀区西八里庄路 69 号　邮编：100142

电　　话：010 - 81136606　81136602　81136603（发行部）

传　　真：010 - 81136655

印　　装：三河市华东印刷有限公司

经　　销：全国新华书店

开　　本：710mm×1000mm　　1/16

印　　张：10.25

字　　数：147 千字

版　　次：2023 年 4 月北京第 1 版

印　　次：2023 年 4 月第 1 次印刷

定　　价：98.00 元

总　序

王炳林

（教育部高等学校社会科学发展研究中心主任）

习近平总书记指出，"革命文物承载党和人民英勇奋斗的光荣历史，记载中国革命的伟大历程和感人事迹，是党和国家的宝贵财富，是弘扬革命传统和革命文化、加强社会主义精神文明建设、激发爱国热情、振奋民族精神的生动教材。"从建党的开天辟地，到新中国成立的改天换地，到改革开放的翻天覆地，再到党的十八大以来的惊天动地，一路走来，中国共产党人在创造辉煌历史和精神财富的同时，也留下了灿若星辰的革命旧址。这些旧址犹如一个个脚印，印证着中国共产党诞生、发展、壮大的波澜壮阔的历程。如果说百年历史是一幅宏伟壮丽的历史画卷，那么这一处处革命旧址就是画卷上一抹抹鲜艳亮丽的色彩；如果说百年历史是一首气壮山河的乐曲，那么这一处处革命旧址就是乐章中一个个有着铿锵韵律的音符。

红色革命旧址主要包括革命人物旧居、重要战场遗址、重大革命事件发生地、重要革命建筑，以及为纪念重大事件和缅怀英烈而建的各类纪念建筑等，从南湖红船到井冈山革命根据地，从延安宝塔山到北京香山，从上海石库门到北京天安门……串联起革命、建设和改革的全过程，记录着中国共产党团结带领中国人民为争取民族独立、人民解放和实现国家富强、人民富裕而不懈奋斗的历史，见证着中国共产党人的初心使命，承载着中华民族共同的历史记忆，是进行爱国主义和革命传统教育的宝贵历史资源。革命旧址蕴藏着爱国、团结、奋斗、创造、梦想等优秀特质和禀赋，深刻影响着当代中国人的精神世界，是凝聚人心、推动社会进步的强大力量。因此，充分认识革命文物工作在见证革命历史、弘扬革命精神上的重要作用，切实把革命文物保护好、管理好、运用好，对激发广大干部群众的精神力量，信心百倍为全面建设社会主义现代化国家、实现中华民族伟大复兴中国梦而奋斗有重要意义。

在中国共产党成立100周年之际，教育部高等学校社会科学发展研究中心、高等学校中国共产党革命精神与文化资源研究中心联系相关高校，以省域为单位组织编写《红色旧址手绘系列读本》。在时间上，主要突出从1919年五四运动爆发至1949年中华人民共和国成立的革命历史，适当向社会主义革命和建设时期延伸；在空间上，主要涵盖了北京、河北、黑龙江、湖北、江西、浙江等六省市的红色遗存；在类型上，主要突出重要领导机构旧址、重要会议旧址、重要人物故居、重要事件遗址遗迹、重要纪念地场馆等，并适当向相关爱国主义教育基地延伸；在表现形式上，坚持艺术的真实与史实的真实相结合，线条为主，晕染为辅，凸显革命旧址的主体性与符号性，展现中国共产党艰辛而又辉煌的奋斗历程，注重形神统一，营造较强的视觉冲击力和艺术感染力。

本书力图呈现以下特点：

一是坚持政治性和艺术性相统一。"文章合为时而著，歌诗合为事而作。"突出用艺术来讲政治，以中国共产党发展历程中重要红色遗址为主要内容，通过精美的手绘、生动的语言、丰富的史料、严谨的编排，创新革命文化传播方式，为开展党史学习教育提供生动教材。通过运用构图、线条、造型、色彩等艺术手法，以图读史、以图学史、以图记史、以图证史，多角度挖掘革命旧址的崇高美，增强爱国主义和革命传统教育的感染力。书中呈现的一幅幅画作，不仅是对革命旧址艺术化的展现，更是对党领导人民革命、建设、改革实践的钩沉。这些场景连点成线、串线成面，共同交织出中国共产党百年波澜壮阔的奋斗历程，让读者在感受红色旧址美感的同时，经受灵魂的洗礼。

二是坚持学术性和通俗性相统一。以党的三个历史决议为依据，选取中国共产党百年历程中具有典型性和代表性的革命旧址进行展现，勾勒出中国共产党艰苦卓绝的奋斗史，系统展现重要思想理论和历史活动，具有一定学术价值。在介绍革命旧址的基本状况、文保状况时，注重与时俱进吸纳革命文物普查的最新资料。描述革命旧址相关的历史事件、重要人物时，注重突出主题主线、主流本质，旗帜鲜明反对历史虚无主义。在坚持学术性的同时，注重运用通俗化的语言生动活泼地讲好革命故事，做到以情动人、以故事感染人。

三是坚持历史性和现实性相统一。革命历史波澜壮阔，红色旧址光芒永存。红色革命旧址是党史研究的聚宝盆，革命精神传承的压舱石，红色文化资源育人的主阵地。着力通过展示旧址讲党史，突出见人见物见精神。引导人们在求"历史之实"的基础上进一步求"历史之是"，在对历史与现实的比较中，弄清楚红色政权是从哪里来的、新中国是怎么建立起来的，不断增强道路自信、理论自信、制度自信、文化自信。

希望丛书的出版，能够让读者在感受艺术熏陶的同时，更为直观地了解中华英雄儿女为革命、建设、改革不懈奋斗的历史。书的图片和文字是静止的，但精神却是跃动的。如果能够通过这套丛书的出版为创新红色基因传承路径提供一些借鉴和参考，那无疑是所有编撰者的最大心愿，也必将成为我们继续推进以省域为单位的红色旧址手绘系列读本编绘工作的强大动力。

2021 年 11 月

前　言

新民主主义革命时期，中国共产党团结带领广大人民群众在京华大地上谱写了惊天地、泣鬼神的华美乐章，留下了昭日月、泽后世的革命旧址。这些革命旧址忠实记录了马克思主义在中国的传播史、中国共产党的创建史、抗日战争和解放战争的斗争史、筹建中华人民共和国和建立中华人民共和国的奋斗史；生动诠释了中国共产党新民主主义革命时期的不懈奋斗史、理论探索史和自身建设史，深刻彰显了中国共产党历史发展的主题主线、主流本质；蕴含着中国共产党和中国人民坚定信念、艰苦奋斗、不屈不挠、敢于胜利的革命精神，承载着中国共产党的初心和使命，是国家百年红色记忆版图的重要组成部分，已经成为广大人民群众永不褪色的红色记忆。北京革命旧址是弘扬革命传统和革命文化、加强社会主义精神文明建设、激发爱国热情、振奋民族精神的生动教材。

本书手绘北京革命旧址，在时间上主要突出1919年五四运动爆发至1949年中华人民共和国成立30年的革命历史，适当向中华人民共和国成立初期延伸；在类型上主要突出重要领导机构、重要会议旧址、重要人物故居、重要事件遗址遗迹、重要纪念地场馆等，适当向相关爱国主义教育基地延伸；在空间上主要突出北京市现行行政区划内的16个辖区，如今行政区划在河北、天津区域内的平郊抗日根据地不再收入。

本书手绘革命旧址以北京地区中国共产党在新民主主义革命时期的革命历程为主线，以承载重大历史事件或重要人物活动的革命旧址为主要绘制对象，以艺术的张力展现百年大党在新民主主义革命时期的光辉历程。本书共分为六个部分：第一部分为"红色地标"，第二部分为"伟大觉醒"，第三部分为"星星之火"，第四部分为"中流砥柱"，第五部分为"红色黎明"，第六部分为"进京赶考"。

因近年来个别单位名称及隶属关系发生变化，本书部分革命旧址信息有待更新。本书所取资料一般截止于2020年底。

由于编者水平有限，错误之处在所难免，敬请读者指正。

2021年11月

目 录

CONTENTS

一、红色地标 ·· 1

　（一）天安门 ·· 1

　（二）人民大会堂 ···································· 2

　（三）人民英雄纪念碑 ································ 5

　（四）毛主席纪念堂 ································· 6

　（五）中国国家博物馆 ······························ 8

　（六）中国人民革命军事博物馆 ······················ 10

　（七）中国人民抗日战争纪念馆 ······················ 12

　（八）北京饭店 ····································· 14

　（九）全国政协礼堂 ································· 16

　（十）八宝山革命公墓 ······························ 19

　（十一）香山革命纪念馆 ···························· 20

二、伟大觉醒 ·· 22

　（一）陈独秀旧居 ··································· 22

　（二）李大钊故居 ··································· 25

　（三）鲁迅故居 ····································· 26

　（四）北京大学红楼 ································· 29

　（五）"亢慕义斋"旧址 ····························· 30

　（六）北京师范大学五四纪念碑 ······················ 33

　（七）火烧赵家楼旧址 ······························ 35

　（八）吉安所左巷毛泽东故居 ························ 37

　（九）杨昌济故居 ··································· 38

　（十）平民通讯社旧址 ······························ 41

三、星星之火 42

（一）陶然亭慈悲庵 42

（二）高君宇、石评梅烈士墓 44

（三）长辛店二七纪念馆 46

（四）长辛店工人俱乐部旧址 48

（五）二七烈士墓 50

（六）三一八惨案发生地 52

（七）彭雪枫纪念碑 54

（八）志成中学遵义楼 56

（九）平绥西直门火车站旧址 58

（十）京报馆旧址 61

（十一）长辛店留法勤工俭学预备班旧址 62

（十二）长椿寺——李大钊烈士灵柩停灵地 64

（十三）李大钊烈士陵园 66

（十四）马骏烈士墓 69

（十五）清华大学施滉纪念壁碑 70

（十六）原京华印书局 72

（十七）刘公馆刘少白住处（纪晓岚故居） 75

（十八）中国大学旧址 76

（十九）中共潞河中学支部旧址 79

四、中流砥柱 80

（一）一二·九运动纪念亭 80

（二）北京师范大学一二·九纪念碑 82

（三）"保卫华北"石刻 84

（四）卢沟桥 87

（五）中国人民抗日战争纪念雕塑园 88

（六）焦庄户地道战遗址纪念馆 90

（七）平北抗日烈士纪念园 93

（八）平西抗日战争纪念馆 95

（九）冀热察挺进军司令部马栏村旧址 96

（十）沙峪抗日纪念碑 ………………………………………………… 99

（十一）老帽山六壮士纪念亭 ……………………………… 100

（十二）怀柔第一党支部纪念馆 …………………………… 103

（十三）黑山扈战斗纪念园 ………………………………… 104

（十四）白乙化烈士纪念馆 ………………………………… 107

（十五）平北红色第一村 …………………………………… 108

（十六）平西情报联络站纪念馆 …………………………… 110

（十七）承兴密联合县政府旧址纪念馆 …………………… 112

五、红色黎明 …………………………………………………… 114

（一）昌宛县委、县政府驻地旧址 ………………………… 114

（二）四九一电台旧址 ……………………………………… 117

（三）国会议场旧址 ………………………………………… 118

（四）六郎庄烈士纪念碑 …………………………………… 120

（五）东管头解放战争十八烈士墓 ………………………… 123

（六）顺义区潮白烈士陵园 ………………………………… 124

（七）北安河烈士纪念堂 …………………………………… 125

（八）何基沣故居 …………………………………………… 127

（九）平津战役指挥部旧址 ………………………………… 128

（十）军调部中共代表团驻地旧址 ………………………… 130

（十一）东交民巷 …………………………………………… 133

六、进京赶考 …………………………………………………… 134

（一）清华园车站 …………………………………………… 134

（二）颐和园益寿堂 ………………………………………… 136

（三）双清别墅 ……………………………………………… 138

（四）香山来青轩革命旧址 ………………………………… 140

（五）香山作战局旧址 ……………………………………… 143

后　记 …………………………………………………………… 144

一、红色地标

（一）天安门

天安门位于北京市中心，坐落于北京城的中轴线上。天安门城门五阙，重楼九楹，在2000余平方米雕刻精美的汉白玉须弥基座上矗立着金碧辉煌的天安门城楼。城楼下是面积达44万平方米，可容纳100万人举行盛大集会的当今世界上最大的城市中心广场——天安门广场。

作为明、清两代皇城的正门，天安门始建于1417年（明永乐十五年），由明代御用建筑匠师蒯祥奉明成祖朱棣之令设计建造。最初名承天门，1651年（清顺治八年）更名为天安门。到1911年清朝末代皇帝溥仪逊位的五百年间，天安门历经了明、清两个朝代24位皇帝。

杰出的建筑艺术和特殊的政治地位使天安门为世人所瞩目。这里见证了近现代历史的风云变迁，记载着中国人民不屈不挠的革命精神和大无畏的英雄气概，是近代以来中华民族由衰落走向复兴的重要象征。1919年，五四运动爱国学生在这里聚集喊出了救亡图存的最强音，标志着新民主主义革命的开始。1935年，一二九运动在这里爆发，掀起全国抗日救亡的新高潮。1949年10月1日，毛泽东在天安门城楼上庄严地向全世界宣布中华人民共和国成立，并亲手升起第一面五星红旗。由此，天安门城楼被设计入国徽，并成为中华人民共和国的象征。中华人民共和国成立后的历次重大的庆典活动都是在天安门和天安门广场举行的。

（二）人民大会堂

人民大会堂位于天安门广场西侧，西长安街南侧。整体建筑坐西朝东，总面积17.18万平方米。作为人民行使权利、参政议政的红色殿堂，人民大会堂不仅是重要的政治地标，而且是一部立体史书，记录着中华人民共和国铿锵前行的历程。

人民大会堂是全国人民共商国是和国家举行外事活动的重要场所。一年一度的全国人民代表大会、中国人民政治协商会议，以及五年一次的中国共产党全国代表大会等重要会议都在此召开。这里也是全国人民代表大会常务委员会的办公场所，是党和国家领导人、人民群众举行政治、外交、文化活动的重要举办地。

为了筹建人民大会堂，1958年7月，北京市规划局派员前往莫斯科考察学习，并在9月根据中央指示，向全国各地的建筑专家发出邀请，进京共同研究相关工作事宜。建造方案前后经过七稿反复讨论修改，最终于1958年10月26日奠基动工。到1959年8月，仅280天左右便完成主体工程，是中华人民共和国建筑史上的一大创举。会堂门额高悬中华人民共和国国徽，金光闪烁，引人瞩目。整座建筑屋檐均用黄绿色琉璃制品镶嵌，尽显庄严宏伟、朴素典雅的民族风格和现代化建筑的非凡气派。大会堂主要由中部的万人大礼堂、北部的宴会大厅和南部的人大常委会办公楼三大部分组成。此外，还有各种会议厅、休息厅、办公室等，其中有34个会议厅是以全国各省、自治区、直辖市和特别行政区命名的。各厅均是根据当地的地理风光、民族习俗和特种工艺品进行精心装修与布置的，极富地方特色。

（三）人民英雄纪念碑

人民英雄纪念碑位于天安门广场中心，坐落在正阳门北约440米的南北中轴线上，是中华人民共和国成立时为纪念在人民解放战争和人民革命中牺牲的人民英雄而修建的纪念性石碑建筑。

1949年9月30日，中国人民政治协商会议第一届全体会议通过兴建人民英雄纪念碑的决议。当天下午6时，全体代表在天安门广场为死难英雄默哀后，中央人民政府主席毛泽东亲自宣读碑文。全体会议代表到此参加奠基典礼。1952年8月1日正式动工，1958年4月竣工。

人民英雄纪念碑在广场中占地约3000平方米，通高为37.94米，分台座、须弥座和碑身三部分。台座共分两层，由汉白玉栏杆四周环绕。下层座为海棠形，东西宽50.44米，南北长61.54米；上层座呈方形。台座上是大小两层须弥座，上层小须弥座四周镌刻有以荷花、菊花、牡丹、垂幔等为元素构成的八个花环；下层须弥座束腰部四面镶嵌着8幅巨大的汉白玉浮雕，分别以"虎门销烟""金田起义""武昌起义""五四运动""五卅运动""南昌起义""抗日游击战争""胜利渡长江"为主题。在"胜利渡长江"的浮雕两侧，另有两幅以"支援前线""欢迎中国人民解放军"为主题的装饰性浮雕，每幅浮雕上都有20个左右的英雄人物。浮雕高2米，总长40.68米，镌刻着170多个人物形象，生动而概括地表现出中国人民100多年来，特别是在中国共产党领导下28年来反帝反封建的伟大革命斗争史实。

纪念碑碑身为钢筋混凝土结构，花岗岩贴面石镶边。碑心正面镌刻毛泽东题写的"人民英雄永垂不朽"，背面由7块大理石组成，上刻毛泽东撰文、周恩来书写的114字碑文，全文为："三年以来，在人民解放战争和人民革命中牺牲的人民英雄们永垂不朽！三十年以来，在人民解放战争和人民革命中牺牲的人民英雄们永垂不朽！由此上溯到一千八百四十年，从那时起，为了反对内外敌人，争取民族独立和人民自由幸福，在历次斗争中牺牲的人民英雄们永垂不朽！"

（四）毛主席纪念堂

毛主席纪念堂位于天安门广场南部，人民英雄纪念碑南面，坐落在原中华门旧址。

1976年9月9日，中国人民的伟大领袖毛泽东主席与世长辞。10月8日，中共中央政治局会议作出"关于建立伟大领袖毛泽东主席纪念堂的决定"。选址设计组通过召开座谈会等方式，作出了"毛主席纪念堂建在天安门广场人民英雄纪念碑南"的决定。在不拆除正阳门的前提下，将纪念堂放在纪念碑与正阳门的正中，等距各200米，位于原中华门的位置。

1977年5月4日，毛主席纪念堂正式竣工；8月18日，水晶棺移入纪念堂；8月20日，毛主席遗体进入纪念堂；9月9日，纪念堂正式落成。

毛主席纪念堂堂内一层有北大厅、瞻仰厅、南大厅。二层有毛泽东、周恩来、刘少奇、朱德、邓小平、陈云革命业绩纪念室和电影厅。

一层北大厅，是瞻仰参观入口和举行纪念仪式的地方。大厅正中安放着汉白玉毛泽东坐像，展现领袖亲切慈祥、栩栩如生的形象。背景是一幅气势磅礴的巨幅绒绣壁画《祖国大地》，展现了伟大祖国锦绣壮美的河山。一层瞻仰厅居中，是瞻仰毛泽东遗容的地方。毛泽东身着灰色中山装，覆盖中国共产党党旗，安卧在晶莹剔透的水晶棺里。水晶棺的泰山黑色花岗岩基座四周，分别镶嵌着党徽、国徽、军徽和毛泽东生卒年份。一层南大厅为瞻仰参观出口大厅，北侧汉白玉墙面镌刻着鎏金的毛泽东词《满江红·和郭沫若同志》手迹，抒发了中国人民进行社会主义革命和建设的坚强决心和豪迈气概。

毛主席纪念堂二层的毛泽东、周恩来、刘少奇、朱德、邓小平、陈云革命业绩纪念室，是展示这六位领袖伟大革命历程，学习缅怀他们建立丰功伟绩的场所。在六个纪念室，六位领袖的汉白玉雕像分别安放在其正中位置。纪念室的陈列，通过大量翔实的照片、文献、实物，全景展现了中国共产党领导各族人民进行革命和建设的历史画卷，反映了六位领袖在中国革命和建设各个时期的光辉业绩。

纪念堂北门前有东、西两组泥塑，以中国革命史诗为主题。东组代表的是新民主主义革命时期，西组展现的是社会主义建设时期。两组泥塑生动地反映了在中国共产党的领导下，中国人民团结一致、英勇斗争，夺取革命胜利，建设社会主义的光辉历史。主体建筑南门外的两组群雕内容则是全国各族人民众志成城、继承毛主席遗志继续奋斗，表现出我国各族人民决心继承革命先烈遗志，坚持走社会主义道路，共创社会主义现代化建设伟业的坚定信念。

（五）中国国家博物馆

中国国家博物馆位于东城区东长安街16号，在北京天安门广场东侧，东长安街南侧，与人民大会堂东西相对称。

中国国家博物馆总建筑面积近20万平方米，藏品数量120余万件，展厅数量48个，是世界上单体建筑面积最大的博物馆，是中华文物收藏量最丰富的博物馆之一，整体规模在世界博物馆中位居前列。

中国国家博物馆由原中国历史博物馆和中国革命博物馆合并而成，于2003年2月28日正式成立。中国历史博物馆发端于1912年7月成立的国立历史博物馆筹备处，1949年10月更名为国立北京历史博物馆，1959年又更名为中国历史博物馆。中国革命博物馆的前身则是1950年3月成立的国立革命博物馆筹备处，于1960年定名为中国革命博物馆。

中国国家博物馆丰富的馆藏和展品，集中呈现了拥有五千年文明的中华民族创造的璀璨历史，是一座以历史与艺术为主、系统展示中华民族悠久文化历史的综合性博物馆。该馆文物收藏极为丰富，陈列展出十分精彩，是进行爱国主义教育的重要课堂。中国国家博物馆常年推出包括《复兴之路》《友好往来，历史见证：党和国家领导人外交活动受赠礼品展》等十余个常设性展览。同时，这里还不定期推出特展、临展、国际交流展，全面地展示与宣传中华民族的伟大历史进程与辉煌文化，介绍世界文明与优秀文化。

（六）中国人民革命军事博物馆

中国人民革命军事博物馆位于北京西长安街延线上，西临中央电视台，北临中华世纪坛和玉渊潭公园，南临北京西站，是我国唯一的大型综合性军事博物馆，隶属于中央军委政治工作部。

1958年，为了迎接新中国成立十周年，中共中央北戴河会议决定在北京建设历史博物馆、中国革命博物馆、军事博物馆、中国美术馆、民族文化宫、农业展览馆等博物馆和展览馆。中国人民革命军事博物馆在此筹建之列，展览大楼于1958年10月动工兴建，1959年7月竣工，1960年8月正式开放。毛泽东主席为军事博物馆题写馆名。军事博物馆原陈列体系以军事历史为主，基本陈列共10个，分别是：古代战争馆、近代战争馆、土地革命战争馆、抗日战争馆、全国解放战争馆、中华人民共和国国防和军队建设成就馆、抗美援朝战争馆、兵器馆、中国人民解放军对外军事交往友谊馆、军事艺术馆。军事博物馆根据党、国家、军队的中心任务，适时举办纪念性、专题性的历史展览，无一不给参观者以视觉和心灵的震撼。中国人民革命军事博物馆收藏并陈列着反映中国共产党领导的军事斗争历程和人民军队建设成就的文物、实物、文献、资料，以及反映中华民族五千年军事历史的文物、实物、文献、资料等丰富的文物展品，配之以多元化的立体组合陈列，使之成为了解中国军事历史的生动课堂。

（七）中国人民抗日战争纪念馆

中国人民抗日战争纪念馆位于卢沟桥畔的宛平城内，是全国唯一一座全面反映中国人民抗日战争历史的大型综合性专题纪念馆。

1937年日本侵略者蓄意制造七七事变，发动全面侵华战争。中国由此进入全民族抗战阶段，并开辟了世界反法西斯战争的东方主战场。

1984年10月，中国人民抗日战争纪念馆筹备委员会成立，1987年7月7日建成开馆。馆名由邓小平亲笔题写。纪念馆占地面积35000平方米，建筑面积36100

平方米，陈列面积历经1997年、2005年、2015年三次改造，达到了13590平方米。纪念馆正前方是面积达8600平方米的抗战广场，广场正中央矗立着象征中华民族觉醒的"卢沟醒狮"雕塑，广场中轴线两侧各分布7块草坪，寓意七七事变爆发地与中华民族的14年抗战。在纪念馆二级平台上安放着质地为锻铜的独立自由勋章雕塑，目的在于让中华儿女永远铭记为中华民族独立自由而献出宝贵生命的革命先烈。

中国人民抗日战争纪念馆的文物藏品以1931年至1945年抗日战争时期的各种历史文献和相关实物为主，同时也收藏日本自1874年以来侵略和占领台湾的各类文物，内容涉及军事、政治、经济、文化、社会等诸多历史侧面。截至2019年，馆藏各类文物达三万余件（套），其中一级文物达百余件（套）。在文物展览中以历史图片与实物为主，辅以油画、影视等手段，全景式展现全国各民族、各阶级、各党派、各社会团体、各界爱国人士、港澳台同胞和海外侨胞英勇抵抗日本军国主义侵略的光辉历史，突出表现中国战场作为世界反法西斯战争东方主战场，为世界反法西斯战争胜利做出的巨大历史贡献。

（八）北京饭店

北京饭店地址位于东城区东长安街33号。

北京饭店始建于1900年，原地址位于东单，于1901年正式挂牌，两年后迁至东长安街，即饭店现址。1917年，这里安装了全市第一部电梯。该饭店为民国时期北京城内规模最大、设备最好的大型旅馆。1954年和1974年，中楼两侧先后扩建西楼和东楼。1988年，饭店西侧建成贵宾楼。

北京饭店见证了中国近现代历史的风云变幻。1924年12月31日，孙中山应冯玉祥等人之邀北上，曾入住北京饭店中楼5045号房间。宋庆龄、张学良、冯玉祥等人均曾北京饭店下榻。1946年，军事调处执行部的第二招待所和军调部国民党代表团驻地均设于此。从1949年4月1日起，这里成为以周恩来为首席代表的中共代表团与国民党政府代表团进行和平谈判的场所，同时也是接待出席中国人民政治协商会议第一届全体会议的代表、举办中华人民共和国开国大典宴会的重要场地。从1950年至1958年，在人民大会堂建成之前，国庆招待会和接待国宾都在这里举行。1959年蒙哥马利访华期间，也曾入住此处。在周恩来总理的关怀下，北京饭店在1954年和1974年相继进行了两次扩建，一度成为北京城内现代化和国际化的标志建筑。改革开放后，从1998年至2000年间，饭店进行了大规模的改扩建工程，总体改造完工后，饭店实现了全面现代化更新。

（九）全国政协礼堂

全国政协礼堂坐落在西城区阜成门内大街（白塔寺）南侧，太平桥大街23号。

全国政协礼堂筹建于1954年，1955年下半年完工。政协礼堂落成后，除了用于全国政协举办各项活动外，还承接党中央和国家的许多重要活动，1956年召开的中国共产党第八次全国代表大会即以此为主会场。

礼堂属苏式建筑风格，外型庄严、大方，内部厅堂布置典雅，门额高悬中国人民政治协商会议会徽，总建筑面积16000平方米，并拥有5724平方米的政协文化广场。尽显庄严宏伟、朴素典雅的民族风格和现代化建筑的非凡气派，是中华人民共和国较早的重要建筑之一，见证了中国共产党领导的多党合作和政治协商制度发展的辉煌历程。

（十）八宝山革命公墓

八宝山革命公墓坐落于北京市石景山区石景山路9号。

1949年中华人民共和国成立后，按照周恩来总理相关指示，北京市筹划在八宝山建立革命公墓。1950年，革命先烈公墓初步建成，定名为北京市革命公墓。1970年，改名为八宝山革命公墓。八宝山革命公墓主体建筑格局由中国知名建筑师林徽因设计，公墓分为墓区和骨灰堂两部分。

公墓自建成以来，一直用于安葬我国已故的党和国家领导人、民主党派领导人、爱国民主人士、著名科学家、文学家、高级工程技术人员、国际友人、革命烈士和县团级以上领导干部。其中，包括朱德、任弼时、陈云、李先念、彭德怀等。

（十一）香山革命纪念馆

香山革命纪念馆位于北京市海淀区红枫树1号院，香山公园东南侧。

纪念馆共占地2400平方米，建筑面积为17985平方米，结构形式为现浇钢筋混凝土框架结构，采用新中式风格。纪念馆总体布局以南北为主轴线展开，整体建筑坐北朝南，依山就势。纪念馆共设置两层建筑结构，一层内设专题展厅、学术报告厅及观众服务区等；二层为主场展厅。展览以《为新中国奠基——中共中央在香山》为主题，除了全面丰富的展陈内容，还积极引入新媒体艺术、动态影像等多样的展陈方式，生动呈现出中国共产党领导中国人民夺取全国胜利和党中央筹建中华人民共和国的光辉历史。

二、伟大觉醒

（一）陈独秀旧居

陈独秀旧居位于东城区北池子箭杆胡同20号。此处为一座院落，分东、西两部分，有两个街门，朝北的街门是箭杆胡同20号，朝西的街门为骑河楼南巷9号。大门北向，有台阶两步，门为只占半间房的小型如意门，合瓦清水脊，上有门簪两个，刻有"吉祥"二字。门两侧有青石门墩两个，上雕石狮子。院内有北房三间，硬山合瓦清水脊，其东侧有耳房一间半（另半间辟为街门），南房四间，均为合瓦过垄脊。东院北房三间，是陈独秀的办公室，南房三间，是《新青年》编辑部办公室，靠街门的一间小房为传达室，小房处挂有《新青年》编辑部的牌子。这是一间旧居，也记载着一个人和一份杂志的故事。

陈独秀，中国共产党早期的主要领导人。字仲甫，安徽怀宁人，早年曾经于日本留学，1915年9月起创办《青年杂志》(后改为《新青年》)，提倡民主和科学。1918年底与李大钊协办《每周评论》杂志，倡导新文化。五四运动后，逐步成长为马克思主义者，开始研究和宣传马克思主义。1920年发起组织上海共产党早期组织，对于中国共产党的创建工作做出重要贡献。1921年，在中共一大上当选为中央局书记。后因在大革命后期犯了右倾机会主义的错误被撤销总书记职务。因在党内组织"左派反对派"，1929年11月被开除出党。1932年10月被国民政府逮捕，1937年出狱，1942年病故于四川江津。

《新青年》杂志作为新文化运动和五四运动时期的著名刊物，是主要的运动宣传阵地。1915年9月15日，《青年杂志》在上海创刊，1916年改名为《新青年》，由陈独秀主编。1917年，陈独秀受聘于北京大学任文科学

长，《新青年》编辑部即迁至箭杆胡同陈独秀住所。《新青年》宣传民主与科学，号召争取政治解放、经济解放、妇女解放，是新文化运动的倡导者和重要阵地。陈独秀、钱玄同、高一涵、胡适、李大钊、沈尹默、鲁迅等人都曾在《新青年》编辑部工作过。1919年6月11日，陈独秀因散发《北京市民宣言》被北洋政府逮捕，在李大钊等社会贤达极力营救之下，于当年9月16日被释放，后于1920年1月离开北京去往上海，《新青年》编辑部也随之迁往上海。

（二）李大钊故居

李大钊故居位于北京市西城区文华胡同（原后宅胡同）24号。故居为一小三合院，占地面积约550平方米，有北房3间，东、西耳房各2间，东西厢房各3间。1920年春至1924年1月，李大钊一家在此居住近四年，这是他在故乡之外与家人生活时间最长的一处居所。

李大钊，河北乐亭人，是中国共产主义运动的先驱，伟大的马克思主义者，杰出的无产阶级革命家，中国共产党的主要创始人之一，是中国最早的马克思主义传播者，中国共产党成立后革命运动的重要领导者，20世纪初中国思想文化界的一位杰出人物。

李大钊故居在中国共产党的历史上有着特殊的价值。在后宅胡同居住的时期，是李大钊人生事业的第一个黄金时代，也是他异常忙碌的时期。在这一时期，李大钊为传播马克思主义、创建中国共产党、建立国民革命统一战线、巩固和发展国共合作、领导北方革命运动做出了巨大贡献。中共北方党组织的一些重要会议也曾在李大钊的书房内召开。

（三）鲁迅故居

北京鲁迅故居位于西城区阜成门内大街宫门口二条19号北京鲁迅博物馆内。

鲁迅博物馆隶属于国家文物局，是中央国家机关思想教育基地、北京市爱国主义教育基地，是首批国家一级博物馆。

鲁迅故居为一座精巧的小四合院，南北房各三间，东西房各一间，一直保持着当年的模样。南房是会客室，北屋东西两房间分别为鲁迅的母亲和夫人朱安的住室。中间一间为餐厅，北屋当中一间向北凸出一小间，面积仅8平方米，是鲁迅先生的卧室兼书房，陈设十分简朴。东厢房现被辟为展室，举办"鲁迅在北京西三条21号"展览。故居内为"鲁迅故居旧景陈列"。故居东侧是鲁迅博物馆，馆内藏有大量文稿和遗物，所藏文物、图书等藏品达7万余件。馆内的《鲁迅生平展》全面地展示了鲁迅一生的业绩。序厅正中雕塑上刻有鲁迅手书自传；展厅一层的四座雕塑分别表现了"什么是路""铁屋中的呐喊""麻木的看客""这样的战士"四个主题形象，为理解鲁迅精神提供启示；展览结尾为鲁迅葬礼盛况大幅照片。   1924年5月至1926年8月，鲁迅在此居住期间，共写作、翻译了200多篇文章，后来分别收入他的《野草》《朝花夕拾》《彷徨》《坟》《华盖集》《华盖集续编》等文集中。在

此期间，他编印了《中国小说史略》（下卷）、《出了象牙之塔》等，同时还主编和指导编辑了《语丝》《莽原》《国民新报副刊》（乙刊）等刊物，为培养大批文学新人付出了辛勤的劳动。

（四）北京大学红楼

北京大学红楼位于北京市东城区五四大街29号。始建于1916年，落成于1918年。原为北京大学第一院，现为北京新文化运动纪念馆。因全楼主体以红砖、红瓦砌成，故称红楼。它坐北朝南，西洋式的风格别具一格，在当时称得上北京城最有现代气息的建筑。

红楼曾是北京大学校部所在地，蔡元培校长的办公室设在二楼东靠北第一个房间。红楼建成后，就逐步成为中国先进思想和文化的策源地，成为北京大学的代名词。

1917年，新文化运动的倡导人陈独秀受蔡元培聘请，出任北大文科学长，在此授课，与李大钊等创办了进步刊物《每周评论》。1917年底，李大钊到北大任图书馆主任，其办公室位于红楼一层东南角，当时很多师生喜欢在此读书交流。此处"无师生之别"，"大家到来大家就辩，大家提出问题来大家互相问难"。办公室也因此得了个"饱无堂"的雅号。1918年8月，青年毛泽东第一次来到北京，曾于设在红楼的图书馆中担任助理员。在北大红楼，毛泽东受到了早期先进知识分子的影响，开始接触和研究马克思主义学说。

北大红楼是中国近代史上最早传播马克思主义和民主、科学思想的重要阵地。1920年10月，李大钊、邓中夏等在红楼内建立了北京共产党早期组织（后更名为中国共产党北京支部）；11月，北京社会主义青年团在红楼成立；1921年中国共产党成立后，中共北京地委和北京（平）市委，中共北方局和中国社会主义青年团的领导机关也一度设在这里。

1919年，五四运动在北京学生群体的领导下爆发，红楼和它北面的操场是反帝爱国运动的策源地。1937年北平沦陷后，红楼被日本宪兵队队部占据达8年之久。红楼地下室曾被用作囚禁迫害爱国志士的监狱。1945年日本投降后，北大在红楼复校。1949年新中国成立后，红楼受到了党和国家的重视和保护。1952年北京大学由红楼迁至西郊原燕京大学校址。1976年，红楼因唐山大地震的波及受到破坏。1977年国家文物局组织维修、加固，保持了墙壁外表、门窗、屋顶及内部空间的原状。2002年4月，红楼成为"北京新文化运动纪念馆"并正式对外开放。

（五）"亢慕义斋"旧址

　　"亢慕义斋"旧址位于东城区沙滩后街55号。"亢慕义"取义于"共产主义"一词的德文音译，"斋"为古字"屋舍"的意思，全名为"共产主义小室"之意，由李大钊先生取名。"亢慕义斋"的名字把博大精深的马克思主义学说与中国文化典雅、简洁地结合在一起。1920年3月，受俄国十月革命深刻影响的李大钊在北大成立了中国第一个马克思主义研究会——"马克思学说研究会"。这里成为中国最早收藏马克思主义著作的图书室，见证了马克思主义在中国的传播，在我国近现代图书馆发展史上具有十分重要的意义。

　　在亢慕义斋中，李大钊组织有志于研究马克思主义的青年成立翻译马克思、恩格斯、列宁等人著作的小组。设有英、德、法三个翻译组，翻译《共产党宣言》《资本论》等经典著作。各位成员时而伏案研读，时而走进群众中进行宣讲。青年毛泽东对于马克思学说的接触，就与这一研究会有极大关系，他曾回忆道：我在北大图书馆当助理员的时候，在李大钊手下，很快地发展，走到马克思主义的路上。看了大量马克思主义的书籍，其中最重要的一本就是《共产党宣言》。

屋内墙壁上还写有"不破不立，不立不破"的标语以及革命诗歌、格言等，表达了早期革命者对共产主义的不懈追求和向往。

"亢慕义斋"为来自四面八方的革命青年提供了理论学习的重要场所，会员发展到了300人，根据罗章龙在《椿园载记》中记录的早期会员的名单，在研究会的19名发起人中，就有16人成为中共早期党员或社会主义青年团员。

气正发浩

五四纪念碑

一九一九年五月四日，北京学生为反对帝国主义和公和日本帝国主义并吞我山东的侵略阴谋，爆发了五四爱国运动。

五四下午，北京高等师范学校的学生举着用白布写好曹贼遗村碑无字，倾心媚外，不期五四爱国运动。

"卖国求荣"，早到天安门广场，陆续到的还有十三所有夫，首光到天安门广场，陆续到的还有十三所余人，会后举行示威游行，路经京交民巷时，群情激任帝夫，直奔曹法宝住宅，高师学生医互生、破窗而门，群众涌入曹宅，医互生点燃床帐，杨荃骏、初铭察捕去三十二人，其中有高师学生陈宏勋，杨荃骏六月三日，女高师学生冲破校方的封锁，走上街人，五月八日由校长陈宝泉出面保释，返校时受到校国运动，遂成为妇女运动的一面旗帜。

一九九二年十月

北京师范大学

（六）北京师范大学五四纪念碑

北京师范大学五四纪念碑位于北京市海淀区北京师范大学校园内。

1985年5月，为纪念五四运动65周年，北京师范大学建立五四纪念亭，后又修建五四纪念碑。2002年，北京师范大学建设主楼，纪念碑亭被拆除。2004年5月，为纪念五四运动85周年，北京师范大学五四纪念碑完成复建。纪念碑上镌刻有"浩然正气"四字，下方刻有碑文，记载了身为北师大前身的北京高等师范学校和女子高等师范学校学生在五四运动中的英勇事迹。纪念和弘扬了京师学子在五四新文化运动中所表现出来的先锋气势和大义凛然、敢于牺牲的爱国精神。

（七）火烧赵家楼旧址

火烧赵家楼旧址位于北京市东城区长安街东端之北的赵家胡同1号。

赵家楼原为明代隆庆年间文渊阁大学士赵贞吉的府邸，因府中后花园假山上的亭子外观似楼，故被称为赵家楼。民国初年，曹汝霖在北洋政府任职期间曾在此居住。

1919年，巴黎和会上中国政府外交失败的消息传回国内，直接引发了中国民众的强烈不满，从而引发了五四运动。1919年5月4日上午，北京大学、北京高等师范学校等十几所学校的代表在法政专门学校举行了联合会议，讨论游行示威事项，决定发布"北京学界全体宣言"，提出"外争主权、内除国贼""废除二十一条"和"还我青岛"等口号。游行的队伍因进入东交民巷受阻，在悲愤情绪和爱国精神的驱动下，转而直奔当时卖国贼曹汝霖的宅邸。据当事人匡互生作的《五四运动纪实》中描述，曹宅的大门紧闭，警察林立，学生叩击大门时被警察阻拦，他们一面对警察理喻宣传爱国思想，一面绕屋而行寻找破门之路。匡互生及四五同学从窗户而入，大家涌入内宅搜寻曹汝霖。因及时躲藏，曹汝霖未被搜到。但学生找到了同在曹宅的章宗祥。愤怒之极的匡互生取出预先携带的火柴，将屋内易燃的帐子、挂画、信件集中起来点燃了火。曹宅燃起大火之后，军警赶来灭火，并逮捕了32名来不及散去的学生。赵家楼的50间房屋最终烧毁了11间。北京爱国学生火烧曹宅，痛打卖国贼章宗祥的义举震动全国，五四运动的浪潮迅速在中国蔓延。

赵家楼遗址原貌已不复存在，新中国建立以后，在原址建起了新楼房，成为一个单位的招待所。1984年5月，为纪念五四运动65周年，北京市青年联合会和共青团东城区委联合在赵家楼胡同1号的东院墙上镶嵌了一块"五四运动火烧赵家楼旧址"铭牌，以为永久纪念。

（八）吉安所左巷毛泽东故居

吉安所左巷毛泽东故居位于北京市东城区景山东街吉安所左巷8号。

吉安所左巷是三眼井胡同路北从西往东数的第一条胡同，长187米，原称"吉安所东夹道"，因位于吉安所东侧而得名。民国三十六年（1947年）改称"吉安所左巷"。1918年8月19日，青年毛泽东为组织新民学会学员赴法勤工俭学，第一次来到北京。起初与蔡和森借住位于豆腐池胡同的杨昌济家中，后为了工作方便，由新民学会总干事肖子升出面，以北大学生的名义在吉安所左巷的一处普通四合院租了三间小屋，毛泽东也在此入住。

1918年秋至1919年春，毛泽东、蔡和森、萧子升、陈绍休、陈焜甫、罗章龙、罗学瓒、欧阳玉山等八人在这个小院中住了六七个月。毛泽东后来回忆道："我自己在北京的生活条件很可怜……我住在一个叫三眼井的地方，同另外七个人住在一间小屋子里。我们大家都睡到炕上的时候，挤得几乎透不过气来。每逢我要翻身，得先同两旁的人打招呼。"毛泽东后来在《新民学会会务报告》中，把这里的生活描述为"隆然高炕，大被同眠"。艰苦的生活环境并没有影响毛泽东的工作热情，在此居住期间，他为了组织湖南学员留法勤工俭学而多方奔走，并在北京大学图书馆任职，结识了李大钊、陈独秀等人，开始接触和研读马列主义。

（九）杨昌济故居

杨昌济故居位于东城区豆腐池胡同15号。

故居为民国时期的小型民居建筑。1918年杨昌济被北大校长蔡元培聘为北京大学教授，全家从湖南迁居至此，当时为豆腐池9号，大门上挂"板仓杨寓"的铜制门牌。此院是一座不太规则的两进院落，坐北朝南，南北长约30米，东西宽12米。如意大门一间在院子西南侧，硬山顶合瓦皮条脊。一进院有倒座房3间、北房3间、东厢房3间，均为硬山合瓦清水脊。西厢房已改建。北房东边为杨昌济先生自己居住，西边为女儿杨开慧所住。后院有后罩房4间，为其他家属居住。

杨昌济是毛泽东在湖南第一师范学校的老师，亦是毛泽东的岳父。杨昌济先生是一位进步学者，也是毛泽东青年时期敬佩的老师，对毛泽东的思想成长影响较大。

1918年8月，毛泽东和一批留法勤工俭学的湖南籍青年到京，与蔡和森暂住于此院南房靠近大门的房间里约一个多月。期间杨昌济把毛泽东介绍给李大钊，使毛泽东成了北京大学图书馆的试用书记，进入一个新的学习领域。

谢绝参观

（十）平民通讯社旧址

平民通讯社旧址位于北京市西城区北长街20号福佑寺内。

1919年12月18日，毛泽东率领湖南公民代表团冒着严寒抵达北京，住进福佑寺。为公开揭露封建军阀张敬尧的恶行，传播驱张信息，争取全国舆论支持，毛泽东决定在此创办"平民通讯社"，并自任社长。在此期间，毛泽东积极联络在京的湖南学生和知名人士汇入驱张洪流，组织撰写驱张文章，带领请愿团全体成员到北洋政府总统府门前请愿，开展一系列的驱张斗争。1920年6月，在全国驱张运动的压力下，迫于直系军队和湘军的武力威胁，张敬尧不战而败，仓促乘兵舰逃离湖南。

此外，毛泽东在驱张运动期间，与李大钊、邓中夏等人建立密切联系，并研读了《共产党宣言》《社会主义史》等马克思主义经典著作，为向马克思主义者转变奠定了思想理论基础。

三、星星之火

（一）陶然亭慈悲庵

陶然亭慈悲庵位于西城区太平街19号，陶然桥西北侧陶然亭公园内。

慈悲庵坐落于陶然亭公园湖心岛西南的高台上，建自元代，又称观音庵。慈悲庵的主要建筑有山门、观音殿、招提宝殿、文昌阁、陶然亭及南北西三厅。庵内的革命纪念性建筑有陶然亭、山门南厅（李大钊同志纪念室）、北厅（"五团体会议"纪念室）等。陶然亭是近现代开眼看世界的先进分子与革命志士的集会场所；戊戌变法时期的康有为、梁启超、谭嗣同；辛亥革命前的秋瑾；民国初年的孙中山；特别是五四运动以后，李大钊、毛泽东、周恩来等老一辈革命家曾先后在此进行革命活动。

1920年1月18日，毛泽东与邓中夏、罗章龙、萧三及"辅社"在京成员集会于慈

悲庵，共同商讨驱逐湖南军阀张敬尧问题，会后曾在慈悲庵山门外古槐下合影留念。1920年8月16日上午，周恩来参与并组织领导的天津觉悟社，李大钊等发动并领导的北京的少年中国学会，以及曙光社、人道社、青年互助团五进步团体代表20余人，为促进五四运动后涌现的各革命小团体之间的联合，在慈悲庵北厅举行茶话会。李大钊、周恩来、邓颖超等参加了座谈，并发表了重要讲话。1921年7月，李大钊、陈恩生租赁慈悲庵南厅两间，为革命者之间的联系提供了一个隐蔽场所。由此至1923年间，李大钊利用这两间南厅进行秘密革命活动。这里实际上成为中国共产党成立后刚刚建立的北方党组织的秘密机关。

1978年，北京市人民政府决定重修慈悲庵，并设立陶然亭革命纪念馆，现辟为小型博物馆，有五个展室，以保留古建原貌及近现代历史上进步人士和革命家在此活动的旧迹。

（二）高君宇、石评梅烈士墓

高君宇、石评梅烈士墓位于西城区太平街19号陶然亭公园内石桥南锦秋墩的北坡前。

高君宇（1896—1925），原名高尚德，字锡三，号君宇，山西省静乐县（今娄烦县）人。1916年考入北京大学理科预科学习，曾参加五四运动，是北京共产党早期组织成员之一，中国共产党早期政治活动家、理论骨干。他，1920年10月加入北京中国共产党早期组织，1922年5月在中国社会主义青年团第一次全国代表大会上当选为团中央执行委员，后在中共二大上当选为中央执行委员，1923年10月起任中共中央教育宣传委员会委员，1924年12月起任中共中央北方局委员。1925年3月1日，被推选为国民会议促成会全国代表大会代表，抱重病参加会议。3月6日，急病突发，病逝于北京协和医院，年仅29岁。逝世后，人们根据他生前的遗愿，把他的灵柩安葬在清幽宁静的陶然亭，并用三块洁白的大理石砌成一座方锥形的墓碑。

石评梅 (1902—1928)，山西省平定县人，1919年考入北京女子高等师范学校，1923年毕业后到北京师范大学附中任教，是20世纪20年代北京文坛的进步青年女作家，1928年9月30日病逝。根据她生前的愿望，其灵柩葬于高君宇墓旁，墓碑造型与高君宇墓碑近似。

　　高君宇、石评梅墓在1952年后曾两度迁出陶然亭公园。1984年，经北京市政府批准，北京市园林局和文物局在原址重建高石之墓，并举行高君宇骨灰、石评梅遗物入葬仪式。1986年，共青团北京市委等十余家单位联合在高石之墓附近建造高君宇、石评梅双人雕像。1987年，北京市人民政府将高君宇墓列为"北京市重点烈士纪念建筑物保护单位"再次进行修整，并新建一座横式长方形墓碑。

（三）长辛店二七纪念馆

长辛店二七纪念馆坐落在丰台区长辛店花园南里甲 15 号京西卢沟桥畔。

它是 1983 年为纪念二七工人罢工 60 周年，由全国总工会、铁道部、北京市共同投资兴建，由王震奠基揭幕、彭真题写馆名。馆内收藏了大量的五四时期和中国共产

党建党初期的珍贵文物和史料，这些文物和史料承载着中国最早的产业工人队伍的成长史。

京汉铁路工人大罢工是中国共产党领导的第一次工人运动高潮的顶点，长辛店铁路工人在运动中不怕牺牲，英勇斗争，与各地铁路工人一同展现了中国工人阶级的力量。早在1919年五四运动时期，长辛店铁路工人就有了自己的团体组织。1920年北京共产党早期组织成立后，更加注重马克思主义同中国工人运动相结合，在长辛店创办劳动补习学校，为提高工人觉悟和凝聚工人力量打下基础。1923年2月1日，京汉铁路总工会成立大会在郑州召开，遭到军阀吴佩孚破坏，京汉铁路各大站响应总工会罢工号召，长辛店工人在此次政治罢工中作出了重大牺牲。"二七"大罢工虽然失败了，但它以生命和鲜血进一步唤醒了中国人民，为工人运动留下了宝贵经验和光荣历史。

（四）长辛店工人俱乐部旧址

长辛店工人俱乐部旧址位于丰台区长辛店大街174号。原为刘姓铁匠铺，故又名"刘铁铺"。

1921年5月1日，京汉路长辛店铁路工人会成立，为京汉铁路工人最早成立的工会组织。

1920年冬，北京共产党早期组织派邓中夏、张太雷、张国焘等人到长辛店创办工人补习学校，在工人中进行宣传和组织工作，为俱乐部的创建准备了条件。1921年，长辛店铁路工人会成立后，团结工人进行了几次小规模运动，产生了一定影响。随后，工人运动骨干分子史文彬等人加入中国共产党。为使工人运动广泛开展，在中国共产党的领导下召开了工人代表联席会议，决定将工会改组成工人俱乐部。10月，长辛店铁路工人会改称工人俱乐部。会员人数得到很大发展，并开展了多次斗争，在北方地区的工人群众中产生了极大影响。1922年4月9日，京汉铁路总工会第一次筹备会在刘铁铺召开。中共北京支部邓中夏、陈为仁、朱务善等参加

大会，史文彬当选为委员长。长辛店铁路工人共计2000余人，加入俱乐部的有1800余人。1922年5月，在邓中夏的领导下，俱乐部组织工人举行大罢工，并取得胜利，推动了京汉铁路全线工人运动的发展。1923年震惊中外的"二七"惨案发生后，俱乐部被反动军阀吴佩孚查封。

（五）二七烈士墓

二七烈士墓位于丰台区长辛店公园内。

二七烈士墓安葬着"二七"惨案中被反动军阀杀害的长辛店工人俱乐部调查团团长吴祯和纠察队副队长葛树贵两位烈士的遗骨。

1923年2月4日，京汉铁路工人为争取结社自由等权利，在中国共产党的领导下举行的全线大罢工。军阀吴佩孚为了逼迫工人复工，在帝国主义支持下，大肆杀害工友，酿成震惊中外的"二七"惨案。"二七"惨案中牺牲的长

辛店铁路工人共9人，他们是葛树贵、吴祯、杨诗田、辛可红、刘宝善、刘川田、李玉、赵长润、高顺田。

　　为了纪念烈士敢于斗争、不怕牺牲的革命精神，继承和发扬"二七"革命斗争的光荣传统，长辛店二七机车车辆工厂于1966年7月在长辛店公园内为吴祯、葛树贵二烈士修墓立碑，并在墓碑上分别镌刻"二七烈士吴祯之墓"和"二七烈士葛树贵之墓"字样。

（六）三一八惨案发生地

三一八惨案发生地位于东城区张自忠路3号。

1926年3月12日，冯玉祥的国民军与奉系军阀作战期间，日本军舰掩护奉军军舰驶进天津大沽口，炮击国民军，守军死伤十余名。国民军坚决还击，将日舰驱逐出大沽口。日本竟联合英美等八国于16日向段祺瑞政府发出最后通牒，提出撤除大沽口国防设施的无理要求。

1926年3月16、17日，在北京的国共两党开会，徐谦以国民党执行委员会代表的身份同李大钊领导的中国共产党北方区委决定组织各学校和群众团体在天安门集会。3月18日上午10时，国民党北京执行部、中共北方区委、北京总工会、北京学生总会等团体与80多所学校共约5000多人在天安门举行"反对八国最后通牒的国民大会"，广场北面临时搭建的主席台上悬挂着孙中山先生的遗像和他撰写的对联"革命尚未成功，同志仍须努力"。台前横幅上写着"北京各界坚决反对八国最后通牒示威大会"。

中共北方区委的领导李大钊、赵世炎、陈乔年参加了大会，大会主席、中俄大学校长徐谦发表了慷慨激昂的讲话。大会决议："通电全国一致反对八国通牒，驱逐八国

公使，废除一切不平等条约，撤退外国军舰，电告国民军为反对帝国主义侵略而战。"大会一共通过了8条决议。

大会结束后，游行队伍由李大钊率领，按预定路线，从天安门出发，经东长安街、东单牌楼、米市大街、东四牌楼，最后进入铁狮子胡同（今张自忠路）东口，在段祺瑞执政府（今中国人民大学清史研究所）门前广场请愿。示威群众公推代表去向卫士长交涉，要求开门放队伍进去，并请段祺瑞和国务总理贾德耀出来见面。段祺瑞担心局势失控，命令执政府内的预伏军警以武力驱散游行队伍，结果造成当场死亡47人，伤200多人的惨剧。在这次震惊中外的三一八惨案中的死者中有为人们所熟知的北京女子师范大学学生刘和珍。李大钊和陈乔年也负伤。

1926年3月22日的《申报》第4版《本馆要电》报道：3月18日，北京群众五千余人，由李大钊主持，在天安门集会抗议，要求拒绝八国通牒。当学生游行队伍到北京铁狮子胡同执政府和国务院门前请愿时，执政府卫队在不加任何警告的情况下，向请愿队伍实弹射击，顿时血肉横飞，段祺瑞政府竟下令开枪，当场打死47人，200余人受伤。

（七）彭雪枫纪念碑

彭雪枫将军纪念碑位于东城区培新街6号北京汇文中学校内。

彭雪枫，1907年生，河南南阳镇平人。1926年9月，19岁的彭雪枫进入京师私立汇文中学求学，并从事党的秘密工作。同年11月，担任了汇文中学第一届党支部书记。他积极从事和组织学生、青年工人、农民等进行爱国运动，开展反帝反军阀斗争，逐步成为著名的学生运动领袖和中共地下党负责人。同时，他还积极联络育德中学解散后分散于北京各校的一些思想进步的青年学生，组织成立中共的外围组织"育德同学会"和"汇文学艺读书会"，带领进步学生学习马列著作和进步书刊。

1927年3月，为躲避反对派的抓捕，彭雪枫转入了北京今是中学，担任了该校学生自治会会长，随后又担任该校党支部书记。1927年10月，组织学生参加由中共北方区委领导的"南郊暴动"。暴动失败，后被拘留，因无据获释，离京赴津。1928年9月，受党派遣到天津开展工作。

1930年5月彭雪枫被派到苏区工作。1934年10月参加长征。在中央红军进行的历次战斗中，他无役不从，每次都披坚执锐，身先士卒，且多次担任先锋部队的指挥员。1936年秋被派往太原等地，开展团结各界爱国人士、联合阎锡山抗日的统一战线工作。

全民族抗战爆发后，彭雪枫任八路军总部参谋处处长兼驻晋办事处主任。1938年春调赴河南确山竹沟，组织训练抗日武装。同年9月组建新四军游击支队。1938年10月至1940年6月的一年多时间里，领导开辟豫皖苏边区抗日根据地和皖东北根据地。1941年皖南事变后，领导根据地军民同日伪军及国民党顽固派军队进行艰苦斗争，先后取得1942年冬季淮北反"扫荡"和1943年3月山子头战役的胜利，巩固和发展了淮北抗日根据地。期间他刻苦学习毛泽东军事著作，博览中外兵书，总结实践经验，对抗日战争的游击战术和政治工作问题进行了论述。亲自编写《游击战术的几个基本作战原则》《战略战术讲授提纲》等教材，经常到抗日军政大学第四分校授课。

1944年8月，面对日军发动的中原战役，他率部自江苏省泗洪县半城镇出发西征，很快收复肖县、宿县、永城等地。1944年9月11日，在收复河南夏邑县八里庄的战斗中，彭雪枫不幸胸部中弹牺牲，享年37岁。

彭雪枫将军投身革命20年，被毛泽东、朱德誉为"共产党人好榜样"。为纪念这位伟大的中共党员、民族英雄，1984年9月，北京汇文中学为彭雪枫烈士修建塑像和纪念碑，张爱萍将军题写碑名"彭雪枫同志永垂不朽"。1997年，此处被公布为崇文区爱国主义教育基地。

彭雪枫同志永垂不朽

（八）志成中学遵义楼

志成中学遵义楼位于西城区小口袋胡同19号北京市第三十五中学内。志成中学成立于1923年，前身为志成私立中学，革命先驱李大钊同志曾任该校校董，并为该校的建设付出了极大的心血与努力。

该校具有光荣的革命传统。学校进步学生曾参加了三一八爱国运动和一二·九爱国救亡运动。抗战期间，1940年至1941年，志成女校学生克非（贺藩）与春钟棣组织读书小组，学习马列著作，传阅革命图书。并与辅仁女中、艺文中学、大中中学等学校学生取得联系，发展党员，向晋察冀边区等抗日民主根据地输送30多名进步学生。抗战胜利后，国民党政府接管志成中学，在校内成立三青团等反动组织，还有特务打手专门迫害进步师生，但中共地下党领导的进步活动并未停止。1945年中共党员邹光自东北进入学校，秘密散发《新华日报》，1946年

赴解放区考入白求恩医科大学。同年，志成中学男中成立党支部。解放战争时期，地下党员与进步青年团体在学校宣传革命理论，传阅革命书籍，对校方贪污伙食费的行为进行揭露和斗争。1949年1月31日，中共地下党员组织100多名学生迎接解放军进城。2月中旬，学校党支部在"中学委"书记李霄路的表妹张一清家中正式成立。

1949年，学校改名为新生中学，1953年定名为北京市第三十五中学。校内的遵义楼为二层中西合璧式建筑，屋顶是中式建筑，为四面坡合瓦顶。由于这栋楼房的建筑格局和外形酷似中国共产党遵义会议旧址，在20世纪六七十年代，三十五中的师生将这栋小楼亲切地称为"遵义楼"。

（九）平绥西直门火车站旧址

平绥铁路西直门车站旧址位于西城区西直门外北滨河路1号。原为京张铁路南端的大站，建于1905年（清光绪三十一年），1906年竣工，其主体建筑为詹天佑设计监造的船形站室。

京张铁路西直门火车站平面近似矩形，站台为并列式。建筑用砖木结构灰砖砌筑，朝南的正面为混水墙，朝向站台一面为清水墙。车站建造于1906年，是詹天佑主持建造的京张铁路的一部分。1909年北京丰台至张家口的京张线铁路通车，西直门车站正式投入运营。1923年京张铁路向西延伸至绥远，西直门车站改称平绥铁路西直门车站，1988年改称北京北站，站房外墙上写着"京绥铁路西直门车站"，它是中国铁路发展史上的重要实证之一。

1905年，清朝政府筹建京张铁路，聘请中国工程师詹天佑主持设计，建造。京张铁路成为中国第一条由中国人自主设计、不使用外国资金及人员，自行建设完成的铁路。

1925年，西直门火车站成立了中国共产党的基层组织。王尽臣担任党支部书记。在共产党的领导下，该站工人参加了多次工人罢工运动。1933年，国民党宪兵三团入驻北平，对车站严加监视，随意绑架、迫害工人，敲诈勒索。11月，300多名工人在中共地下党组织领导下，为反对宪兵三团诬陷工人贩卖毒品和绑架3名司炉工人举行罢工，并取得胜利。

解放战争时期，西直门车站、工务段都有中共地下党员活动。1945年9月，中共北平城内区铁路工作委员会（也称前门工委）成立，该站副站长、中共地下党员许言午任工委委员，负责该站党的地下工作。12月5日，该站党组织被破坏，许言午、张毅石、杨问陶、杨炳文4人被捕。北平和平解放前夕，该站工人在中共地下党领导下，开展护站、护路斗争，宣传共产党的政策，配合接管工作。

（十）京报馆旧址

京报馆旧址是一栋灰色两层小楼，位于今西城区魏染胡同35号。

1918年10月5日，邵飘萍在前门三眼井胡同独立创办了《京报》，自任社长。1920年10月，《京报》迁入魏染胡同。楼房面阔七间，建筑面积876平方米，临街的正立面采用西洋古典式砖壁柱装饰。二层有一圈女儿墙，楼顶还曾竖着一根旗杆。楼门上方中央镌刻着的"京报馆"三个大字，是《京报》创始人邵飘萍的手笔。报馆内部一层是传达室和负责报纸销售及刊登广告的经营所，二层是编辑部和经理室，编辑部里摆着两张黑色的长桌供编辑们工作。报馆成立当日，邵飘萍在编辑室里提笔写了"铁肩辣手"四个大字，以此自勉并赠与同事。

民国初期，各军阀政客为操纵舆论纷纷创办报刊，北京的报纸主要为政客所操纵。《京报》宗旨是宣传进步思想，反对封建军阀制度，客观介绍马克思主义理论等进步思想。在五四运动、国共合作以及北方大革命运动中，《京报》成为进步舆论的重要阵地。邵飘萍以笔为枪，发表大量支持或声援革命活动的通讯、消息、特写和评论。1923年，《京报》以醒目大字标题详细报道二七惨案的发生和经过。由于报纸始终站在人民的立场上，深刻揭露了社会黑暗与政府腐败，最终惹怒了当权军阀。1926年4月25日，邵飘萍回报馆后被特务逮捕。26日，在天桥刑场英勇就义。邵飘萍牺牲后，他的夫人汤修慧女士又将《京报》复刊。1937年北平沦陷后，《京报》被迫再次停刊。

（十一）长辛店留法勤工俭学预备班旧址

长辛店留法勤工俭学预备班旧址，位于北京市丰台区长辛店德善里18号，长辛店铁路中学校园内。

该处是一座方形二层法式小楼，原是京汉铁路局为火车房总管郭长泰建造的住宅。1918年夏建成后，由法华会与有关方面交涉，改做留法勤工俭学预备班的教室。预备班举办期间，当时组织湖南留法勤工俭学运动的毛泽东，曾经两度来到此处看望湖南籍学员，关心学员学习生活工作情况，并深入到工人中进行调查研究。

1984年1月，长辛店留法勤工俭学旧址被公布为北京市文物保护单位。2001年4月，北京市文化局、丰台区人民政府拨出专款加以修缮。6月，长辛店留法勤工俭学旧址修缮工程竣工典礼在此举行。

（十二）长椿寺——李大钊烈士灵柩停灵地

长椿寺位于今西城区长椿街9号。

长椿寺始建于公元1592年（明万历二十年），为明神宗母李太后所敕建。1927年4月6日李大钊被张作霖逮捕，4月28日英勇就义。当时北京正处在北洋军阀的统治之下，李大钊遗体被装在薄棺之中，灵柩未能及时安葬，暂时停放在长椿寺中。直到5月1日，李大钊亲友出面办理善后，将新棺移厝于妙光阁浙寺，在此停放6年之久。1933年，日本加紧了对华北的侵略步伐。为了让李大钊入土为安，4月初，李大钊夫人赵纫兰偕子女来到北平，并与地下党组织取得联系，料理李大钊的后事。中共北方党组织决定为李大钊烈士举行隆重的公祭与公葬。因为当时的残酷环境，中共北方党组织没有公开出面组织这场活动，而是以河北省革命互济会的名义全程参与。23日，2000多人的送殡队伍从浙寺出发，成为反抗国民党

统治的示威游行，并在西郊万安公墓举行公葬。

2005年11月30日，依托长椿寺建成的宣南文化博物馆正式对外开放。其中英烈足迹展厅展示了众多革命先驱如李大钊、毛泽东、周恩来等在宣南地区生活奋斗的历史遗存文物。

（十三）李大钊烈士陵园

李大钊烈士陵园坐落于海淀区香山南路万安里1号。

陵园始建于1983年，位于万安公墓内。陵园正门迎面是李大钊烈士汉白玉石雕像，雕像背后是李大钊烈士及夫人赵纫兰墓地。

李大钊是中国传播马克思主义和领导组织共产主义运动的先驱，同时也是中国共

产党的主要创始人之一。在李大钊烈士墓碑上，刻有邓小平的亲笔题词："共产主义运动的先驱伟大的马克思主义者　李大钊烈士永垂不朽"字样。陵园内设有李大钊烈士革命事迹陈列馆，收藏并展出有李大钊烈士生前使用过的办公和生活用品，以及1933年4月23日李大钊北平公葬时，中共地下党为公葬李大钊烈士而埋入墓地的石碑等革命文物。

马骏

一八九五——一九二八

（十四）马骏烈士墓

马骏烈士墓位于朝阳区日坛公园内。

马骏（1895—1928），回族，吉林省宁安县（今属黑龙江省）人。是五四时期著名的学生运动领袖、中国共产党早期活动家、中共北京市委早期领导人之一。马骏具有出色的宣传和组织能力，五四运动时，他与周恩来、邓颖超等人一起，广泛组织学生，发起并成立了学生联合会，积极投身学生爱国救亡运动，并成为京津青年学生领袖之一。1921年加入社会主义青年团，后不久在天津加入中国共产党，成为天津的第一批共产党员之一。1922年，他到哈尔滨从事地下工作，组织了"救国唤醒团"，开展反帝爱国宣传，并在自己家乡宁安县创办了党小组。1925年，马骏被派往莫斯科学习，1927年大革命失败后归国，被任命为中共北平市委负责人，在极其危险的环境下与敌人周旋，开展工作。同年12月，马骏被京师警察厅逮捕。在狱中受尽非人折磨，仍坚贞不屈，浩气凛然。1928年2月15日被奉系军阀张作霖杀害，年仅33岁。马骏牺牲后，他的夫人杨秀荣和回族群众将其遗体安葬在朝阳门外回民公墓，并修建墓碑。1945年中共七大追认马骏为烈士。1951年北京市政府为马骏烈士举行公祭仪式，在原地重修马骏烈士墓，1987年再次重修，1995年9月，朝阳区政府举办马骏烈士诞辰100周年纪念活动，修缮墓地，并设立马骏烈士铜像。1997年，在墓地北面修筑马骏烈士纪念室。1998年2月，纪念室对外开放。2001年，被公布为北京市爱国主义教育基地。

（十五）清华大学施滉纪念壁碑

清华大学施滉烈士纪念壁碑位于海淀区清华大学第三教学楼西墙北侧。

施滉，1900年出生于云南省洱源县。1916年，考入北京清华大学。1919年，五四运动爆发，施滉和许多清华学生一起投入到轰轰烈烈的爱国运动中，在6月3日游行时

被捕。五四运动后，和冀朝鼎、徐永瑛等人组织进步学生团体"唯真学会"。1924年1月，到广州拜访孙中山先生时见到了李大钊同志，受到了亲切的教导，对共产党开始有所认识。

1924年秋，施滉进入美国斯坦福大学学习东方史。1925年，五卅运动爆发，他积极向华侨和美国人民进行反帝宣传，在一系列活动中接近了美国共产党，并参加了当时美共领导的"反帝大同盟"。1927年，在大革命危机时刻，施滉毅然加入共产党，成为清华留美学生中最早的共产党员之一。入党后，他担任美国共产党中国局第一任书记。1928年受美共派遣，施滉到古巴从事建党的工作，后又到苏联学习。1930年回国后，在中共中央翻译科工作，后被派往香港做海员工会工作，不久被捕入狱。1933年冬，施滉再次被捕。在狱中，他始终坚贞不屈。1934年初，施滉在南京雨花台壮烈牺牲，年仅34岁。

1949年，清华大学在京校友为纪念施滉，特在图书馆门厅建立他的烈士纪念碑，上面镶着施滉烈士的铜像，下方刻有对他的评价："他是清华最有光荣的儿子，他是清华最早的共产党员，他为解放事业贡献了生命，施滉的革命精神永垂不朽！"右下方刻有施滉烈士生平经历事迹。1986年4月庆祝建校75周年时，清华大学又在东区第三教学楼西墙北侧，建立了一尊施滉烈士铸铜浮雕铜像。

（十六）原京华印书局

原京华印书局位于西城区南新华街177号。书局前身是由康有为、梁启超等人创办的强学会书局改组而来的直隶官书局，1905年被上海商务印书馆买下，改名为京华印书局。

现存的京华印书局是一栋楼房，像一艘轮船，俗称"船楼"。该建筑平面呈三角形，地上四层，采用当时先进的钢筋混凝土框架结构，1918年破土动工，1920年竣工，历时2年，投资10万元。

1925年初，在中共北方党组织的领导下，北京市1800名印刷工人举行大罢工，迫使全城27家报馆停止印刷报纸多日。斗争胜利后，担任中共北方区委执行委员会职工运动委员会书记的陈为人，发动参加过其他行业罢工的工人代表在北京城陆续成立工人俱乐部与产业工会，还介绍京华印书局等单位的工人骨干到北京大学、北京师范大学等处听政治演讲。京华印书局成为工人俱乐部活动地之一，俱乐部成员经常在这里印刷文件和革命传单。

（十七）刘公馆刘少白住处（纪晓岚故居）

刘公馆位于今西城区珠市口西大街241号。

此宅始建于清雍正年间，清乾隆年间成为纪晓岚私宅，后多次易主。1924年11月，北京国民会议筹备处在此成立。20世纪20年代末，这里成为刘少白的住所，时称"刘公馆"。

刘公馆为中共地下秘密联络站，多次转送上海党中央给河北省委的经费、信件。上海寄来的汇款（包括大额汇），刘少白负责送到设在天津的河北省委，或联系河北省委的同志领取。重要文件或重要事项的传达，也经常在刘公馆进行。

刘少白（1883—1968），1883年出生于山西省兴县黑峪口村。13岁考入本县嵋山书院，20岁赴西安参加科考被拔为贡生。22岁考入太原府中学堂深造。3年后入山西大学堂攻读法律，开始接受新学。1911年辛亥革命爆发后，他率先剪掉辫子参加反清活动。1919年五四运动爆发后，他开始接触马列主义。土地革命战争时期，刘少白在白色恐怖的形势下，不顾个人安危，冒着生命危险曾掩护许多共产党员脱离险境。1932年，他迁居大同，曾上书张学良支持学生抗日救国运动。1937年8月，刘少白加入中国共产党，并根据党组织的指示返乡，协助八路军120师开辟晋西北抗日根据地。为了帮八路军筹措资金、布匹、粮食等，刘少白创办兴县农民银行，后改为西北农民银行。毛泽东曾赞扬刘少白，"在抗日战争和抗日战争以后的困难时期内，曾经给我们以相当的帮助"。1949年9月，刘少白出席中国人民政治协商会议第一届全体会议，当选为全国政协委员山西省政协副主席。1968年12月在北京病逝。

（十八）中国大学旧址

中国大学旧址位于北京市西城区大木仓胡同35号。

此处原为清代郑亲王济尔哈朗的府邸。民国初年，王府被典押给西什库天主教堂。1925年复赁给中国大学作为校址。

中国大学由民主主义革命先驱孙中山于1912年倡办，初名国民大学，早期校址在前门内西城根愿学堂。1913年4月13日正式开学。1917年春，更改校名为中国大学，1925年9月校址迁到大木仓胡同35号郑亲王府旧址。1949年3月26日宣告停办。

中国大学具有光荣的革命斗争历史。1920年李大钊等成立北京共产党早期组织，中国大学学生宋介就是成员之一。中国共产党成立之后，中国大学地下党组织迅速发展，成立了共产党支部。一大批极有声望的进步学者，如李大钊、李达、陈独秀等在中国大学担任主要课程教授，宣传马克思主义，对学生产生了很大影响。进步师生还创办了很多刊物、壁报，宣传马克思主义。1925年2月28日，北京妇女国民会议促成会成立大会在中国大学召开，李大钊、何香凝、鲍罗廷夫人、邵飘萍等人到校演讲。1926年3月18日，中国大学爱国师生参加反对八国通牒国民大会，学生赵钟钰惨遭杀害。1935年一二·九运动爆发，中国大学为纪念孙中山，把郑亲王府后寝改名为"逸仙堂"。12月22日在"逸仙堂"展示北平学生收集的一二一六示威中受伤同学的500多件血衣，抗议当局的暴行。1945年12月筹建学生自治会，组织进步社

团，开展进步活动。北平解放前夕，中国大学已有中共党员70多人。中华人民共和国成立后，中国大学旧址由高教部使用。旧址现仅存部分建筑，有府门3间、正殿5间、东配楼5间、后寝殿5间。

（十九）中共潞河中学支部旧址

中共潞河中学支部旧址位于北京市通州区北苑街道新华南路135号。

潞河中学的前身是美国人创办的华北协和大学的中学部，1941年12月太平洋战争爆发，日军接管潞河中学，并宣布封闭学校。1943年，潞河中学在西安复校。抗战胜利后，经过半年的整理维修，潞河中学师生由西安迁回通州。

1926年，北京中共地下党组织在潞河中学开辟了革命工作。1928年，为纪念五四运动九周年，潞河中学莘莘学子举办国耻讨论会，喊出了"当为国耻流血"的口号。潞河中学培养了中国共产党在通州的第一任党支部书记周文彬，并在这里诞生了通州第一个党支部——潞河中学党支部，被誉为通州近现代史上革命的摇篮，成为通州人民永远的骄傲。

四、中流砥柱

（一）一二·九运动纪念亭

一二·九运动纪念亭位于海淀区北京植物园樱桃沟内。

1935年12月9日，北平学生在中共地下党组织的领导下，发起了抗日救国，反对"华北自治"的一二·九运动。1936年，参加过运动的爱国学生组织中华民族解放先锋队和北平学联在樱桃沟举办了三期夏令营。学生们在此进行军事训练，交流进步思想，共同推进抗日救亡主张的传播。

1984年，为纪念一二·九运动爆发50周年，北京市大中小学生亲自动手设计，全国青年和"一二·九"老战士捐款集资修建纪念亭。该纪念亭于1984年12月8日奠基，1985年11月竣工，12月9日一二·九运动50周年之际举行落成典礼。纪念亭由3座白色立体三角形亭子组成。每一个三角形组成一个"众"字，代表夏令营时期露营帐篷，3个三角形则代表人民大众的觉醒与众志成城抗击侵略的决心与力量。3个三角形亭共12个角，其中9个角着地，象征"一二·九"。纪念亭北面纪念碑上镌刻着全国人大常委会委员长彭真题写的"一二·九运动纪念亭"。碑文为著名书法家刘炳森所书。

（二）北京师范大学一二·九纪念碑

北京师范大学一二·九纪念碑位于北京市海淀区北京师范大学校园内。

1985年12月，为纪念一二·九运动50周年，北京师范大学建立一二·九纪念亭。后于1992年在一二·九纪念亭下建一二·九纪念碑。2002年，北师大建设主楼，纪念碑亭被拆除。在师生的倡议下，2005年12月北京师范大学复建一二·九纪念碑。纪念碑上镌刻有"时代先声"四字，下方刻有碑文。

北京师范大学是一二·九抗日救亡运动的参与院校之一。九一八事变后，日本帝国主义加紧侵略中国，在华北进行了经济、政治、文化侵略，民族危机日益严重。在中国共产党的抗日号召下，1935年12月6日，北平学联召开代表会，通过并发表了《北平市学生联合会成立宣言》。随即，平津15所大中学校联合发出通电，动员全国人民抵抗日本侵略。1935年12月9日，北平大中学生数千人举行了抗日救国示威游行，反对华北自治，反抗日本帝国主义，要求保全中国领土的完整，掀起全国抗日救国新高潮。

　　一二·九抗日救国运动揭露了日本帝国主义企图吞并华北的阴谋，打击了国民党政府的妥协投降政策，促进了中国人民的觉醒，形成了全国人民抗日民主运动的新高潮，推动了抗日民族统一战线的建立。

（三）"保卫华北"石刻

"保卫华北"石刻位于海淀区北京植物园樱桃沟一二·九运动纪念碑西南方。

1936年暑期，约3000名学生参加了中华民族解放先锋队和北平学联组织的军事夏令营活动。学生们每天接受军事训练，学习军事常识，讨论国家前途，同时举办时政讲座，宣传中国共产党的抗日民族统一战线主张。

在樱桃沟北部水源地附近，有一块体积较大的青石独立于地上，学生们在青石附近支起帐篷，作为夏令营的露营区。北京大学学生、夏令营的主要负责人陆平发现清华大学学生赵德尊正在青石上凿刻标语，便在此一起刻下"保卫华北"这句最能表达运动主题与人民心愿的口号。石刻也成为当年北平学生在中国共产党地下组织的指导下，凝心聚力掀起抗日救亡新高潮的重要历史见证。

保衛華北

海淀区文物保护单位

保衛華北石刻

海淀区人民政府立
一九九二年九月

（四）卢沟桥

卢沟桥，又名芦沟桥、永定桥、马可波罗桥，位于北京市丰台区永定河上，因跨越卢沟河（永定河）而得名。

卢沟桥始建于1189年，1192年完工，于公元1444年、1698年两次进行重修，桥东头立有乾隆题写的"卢沟晓月"碑。卢沟桥为十一孔联拱桥。河面桥长213.15米，加上两端的引桥，总长266.5米。桥身总宽9.3米。桥面宽7.5米。

1937年7月7日，日本帝国主义蓄意制造了卢沟桥事变，发动了全面侵华战争。当天上午，日军到卢沟桥以北的地区演习，引起中国守军的警惕。当日晚，由中队长清水节郎率领的驻丰台日军河边旅团第一联队第三大队第八中队，以攻取卢沟桥为假想目标，举行军事演习。11时许，日军诡称演习时一名士兵失踪，要求进城搜查。遭到中国驻军严词拒绝后，日军迅即包围宛平县城。8日晨5点多，日军向中国守军发起攻击，并炮轰宛平城。中国守军忍无可忍，奋起还击。

卢沟桥事变发生的第二天，中国共产党中央委员会发表《为日军进攻卢沟桥通电》，号召实行全民族抗战。并指示北方局"坚决保卫平津保卫华北"。中共北平地下组织按照中央精神，组织抗敌后援会，发动群众开展救亡工作。8日，中华民族解放先锋队、北平市学生联合会、华北各界救国联合会等组织派代表立即慰劳卢沟桥前线抗日将士。随后，北平各界在抗敌后援会的领导下，积极响应，分赴前线慰劳并支援军团。在后援会的鼓励下，许多爱国学生投笔从戎，加入抗战武装。北平各界的有力支援激励了第二十九军的抗敌士气，也显示出中国共产党主张的中华民族抗日统一战线的巨大潜力。

（五）中国人民抗日战争纪念雕塑园

中国人民抗日战争纪念雕塑园位于丰台区卢沟桥城南街77号。

1995年，北京市人民政府为纪念抗日战争胜利50周年，决定在宛平城南墙外建筑抗战雕塑园。该园于1995年7月7日奠基，2007年7月竣工，8月正式对外开放。

雕塑园由中国人民抗日战争纪念碑、雕塑群区、中心广场、宛平城墙、绿林等主要景区构成。雕塑群区达2.25万平方米，按中国人民抗日战争历史过程，分为"日寇侵凌""奋起救亡""抗日烽火""正义必胜"四个部分，摆放38尊直径2米、高4.3米的柱形雕塑，青铜铸造，均重6吨。雕塑在布局摆放上借助中国传统形式，突出了不折不挠的民族精神和大无畏的英雄气概。

雕塑园建成后，多次举办重大活动。如"纪念抗日战争胜利五十五周年"大型文艺晚会；香港"赤子报国筹委会"举行的捐赠仪式；与中华青年文化促进交流会共同主办的"庆祝中国人民抗日战争纪念雕塑园落成"大型书画笔会；以歌唱伟大祖国、共庆团圆为主题的"卢沟晓月中秋文艺晚会"等。

（六）焦庄户地道战遗址纪念馆

焦庄户地道战遗址纪念馆位于顺义区龙湾屯镇焦庄户村。

该村在抗日战争时期隶属于冀东抗日根据地，是通往平西、平北根据地的必经之路。在抗日战争期间，人口不足一千的焦庄户村灵活运用"地道战"的方式，多次打败人数装备皆齐备的日军。

焦庄户人民同敌人开展地道战斗始于1939年秋天。在中国共产党的领导下，焦庄户村组建了青救会、妇救会等抗日群众组织。初期只是挖了几个隐蔽的洞，在敌人来犯时隐藏少量的食物和一两个人，在实战中很容易被敌人发现。1942年后，敌人实行残酷的"三光"政策，大批敌后根据地损失惨重。焦庄户人民在民兵队长马文通与骨干马福的带领下，不断实践改造，将单个隐蔽洞用地道连接起来，并且在地道内加装了翻板、掩体、暗堡及指挥室等军事设施，以及休息室等供战斗人员在地道内长期生活的基础设施。至1946年，村中地道已长达十多公里，形成了纵横交错、攻守兼备的地道网络。

　　焦庄户人民利用地道、地雷同敌人进行英勇顽强的斗争。从1943年到1948年，共战斗150余次，击毙击伤敌人130多人，俘虏敌人100多人，击毁敌军车一辆，缴获武器100多支，子弹3500多发和敌电台一部。由于其卓越的战功，1947年10月，焦庄户村被顺义县政府授予"人民第一堡垒"称号。为集中反映焦庄户村的革命活动，1964年秋，焦庄户民兵斗争史陈列室建立。

平北抗日战争烈士纪念碑

郭寿隆

1937-1945

（七）平北抗日烈士纪念园

平北抗日烈士纪念园坐落于延庆区旧县镇韩郝庄路口。

平北抗日烈士纪念园由纪念碑、纪念馆组成。纪念馆1997年7月开馆，分为序厅、影视厅、展厅三大部分。其中展厅建筑面积550平方米，展线130米长，共分8个部分，展示1933年到1945年平北军民反抗日军侵略的史实。纪念碑于1989年10月落成，碑座下花岗石墁地的凭吊平台与八级蹬道相接，寓意八年全国抗战艰苦卓绝。纪念碑正面镌刻聂荣臻元帅题写的"平北抗日战争烈士纪念碑"，背面为彭德怀题写的"平北抗日烈士永垂不朽"。

平北地区指北平以北、平（北平）承（承德）铁路以西、平（北平）张（张家口）铁路以北、长城以外的一片地区。它是伪满、华北和蒙疆3个伪政权的结合部。北部有广阔的草原，南部有富饶的平川，中部为崇山峻岭的燕山山脉，满、蒙、回等少数民族杂居其中。这里的部分地区在七七事变后已落入敌手，日伪在这些地方建立了严密的统治秩序。1938年6月，八路军第4纵队挺进冀东，途经平北时留下队伍在昌平、密云一带活动，一度成立了昌滦密联合县政府，建立了一些抗日组织。但因力量薄弱最终撤回平西。1940年冀察热区党委和挺进军提出根据地建设"三位一体"的总战略，将开辟平北根据地作为实现该战略任务的重要一环，并于该年底成立中共平北工作委员会。次年1月，平北工委开赴平北地区，同时抽调挺进军第9团第7连为骨干，加上在沙塘沟发展的游击队30多人，组成平北游击大队，掩护工委。平北工委与游击大队经过艰苦斗争，很快站住了脚，并向四周地区发展，开辟了丰滦密根据地，成立了丰滦密联合县政府。至1941年夏，平北抗日根据地所辖地区已延伸至冀热察三省边界的广大地区，人口已超过50万，给日军造成了直接威胁。

铭记国耻 发愤图强

（八）平西抗日战争纪念馆

平西抗日战争纪念馆位于房山区十渡镇十渡村。

1937年11月，国民抗日军从平西斋堂川出发前往阜平整训。为保存革命果实，晋察冀军区1938年2月派邓华率第3团挺进平西，开辟平西抗日根据地。第3团后改编为邓华支队，在平西攻克敌人据点，并在东斋堂村建立第一个抗日民主县政府——宛平县政府。1938年5月八路军第120师宋时轮支队也来到斋堂川与邓华汇合，两个支队组成八路军挺进纵队，经数月工作，在平西成立了多个民主联合县政府。冀热察区党委和挺进军把巩固平西根据地作为巩固和发展平郊抗日根据地的首要任务。抗日战争期间，平西根据地展开了大规模的武装建设、党的建设、政权建设及经济建设，并逐渐发展壮大，所辖地区东起长辛店，西至紫荆关，南起高碑店，北至蔚县、涿鹿。成为北平抗战中的重要武装力量。

1985年9月，为纪念中国人民抗日战争胜利40周年，缅怀革命先烈，房山区政府决定在十渡建立平西革命烈士陵园。并于1992年在原址基础上建设平西抗日战争纪念馆。2002年再次扩建，2005年8月29日，平西抗战纪念馆正式对外开放。纪念馆分7个部分，利用大量照片、文物、史料，全面立体展现了平西抗日根据地的建立、发展，揭露了日军在平西地区烧杀抢掠的滔天罪行，彰显了为争取抗战胜利无数英烈抛头颅洒热血的英勇事迹。

（九）冀热察挺进军司令部马栏村旧址

冀热察挺进军司令部马栏村旧址位于门头沟区斋堂镇马栏村。

1938年中共扩大的六届六中全会后，中共中央为了加强对晋察冀地区抗日斗争的领导与组织建设，下达《对冀热察区工作的意见》，决定成立八路军冀热察挺进军，派萧克前往工作。1939年1月，根据党中央指示，撤销中共河北省委，同时成立中共冀热察区委员会，马辉之任书记。2月7日，挺进军在平西正式组成，萧克任司令员兼政委，同时由萧克、马辉之、邓华等人组成冀热察军政委员会，萧克任书记。1939年10月，挺进军司令部进驻马栏村。在此期间，冀热察区党委和挺进军根据平津地区抗日形势及党中央对华北抗战的总要求，明确提出"巩固平西、坚持冀东、开辟平北"的总任务，并把它概括为"三位一体"。"三位一体"任务提出后，挺进军随即进行整编，经过不断斗争，华北地区敌后抗战形成了"对敌统制华北的中心北平，成四面大包围的形势"。

在此驻扎期间，挺进军先后多次粉碎了敌人的进攻，为巩固根据地做出了重要贡献。1939年底，日军飞机轮番轰炸马栏村，挺进军战士顽强反击，使日军飞机不敢低空飞行。1940年2月，司令部迁至塔河村。1997年7月，马栏村党支部在此简设陈列馆。

民族英雄永垂不朽

（十）沙峪抗日纪念碑

沙峪抗日纪念碑位于怀柔区渤海镇沙峪村。

平北以东的冀东地区，以雾灵山为中心，南起乐亭、宁河、滨海，北至兴隆、青龙，东至迁安，西达平谷、蓟县的广大地区。这里是沟通华北与东北的交通要道和可以直接威胁平津的战略要地。早在九一八事变之后，这里的人民就饱受日军的欺凌。七七事变后，北方局书记刘少奇提出在冀东发动抗日武装起义，配合全国抗战，为在冀东建立抗日根据地奠定基础，并对此做了详细部署。1938年5月，八路军挺进纵队（第4纵队）在宋时轮、邓华的率领下，从平西出发，经平北向冀东挺进，配合冀东大暴动。6月11日上午，部队到达沙峪，得到敌军正从怀柔县城出发向沙峪进军的情报。邓华支队31大队1营和2营战士们埋伏在南北两侧山上，与沿着怀沙河边小路行军的日军展开顽强搏斗，一直持续到下午3时，消灭敌军160多人，缴获步枪80余支、机枪4挺、掷弹筒5个。八路军方面伤亡200余人，纵队参谋长李忠奇负重伤，党总支书记郑良武等70余人英勇牺牲。

1987年，当时的怀柔县政府在沙峪村修建抗日纪念碑，以缅怀在此役中牺牲的先烈。

（十一）老帽山六壮士纪念亭

六壮士纪念亭位于房山区十渡镇北老帽山。

1943年4月中旬，日伪军300余人从霞云岭向十渡进犯，袭击当时驻扎在十渡的房涞涿联合县委、县政府及部队指挥机关。县长郝绍尧立即组织政府人员撤至西边山沟，冀中十分区27团安排一个排在老帽山下一个山头阻击敌人，掩护政府人员和群众撤离。次日拂晓，当敌人进入射程后，八路军战士发起了进攻。打退了敌人几次冲锋，战斗持续了2个多小时，当准备撤下阵地时，敌人已从后面包抄上来。八路军战士与敌人展开了殊死搏斗，最后阵地上只剩下6名战士。面对蜂拥而上的大批敌军，被逼至悬崖边的6名战士高呼"打倒日本帝国主义"跳下悬崖，壮烈牺牲。

1984年2月26日，为纪念6位烈士，共青团房山县委和十渡乡党委、政府在老帽山上修筑六烈士纪念碑亭。碑坐北向南，方首方座。座宽0.7米，高0.8米；碑高1.3米，宽0.6米，厚0.15米。纪念碑正面题词："为中华民族解放事业英勇献身的六壮士永垂不朽"。背面记述1942年八路军六战士于老帽山阻击日寇战斗中弹尽后跳崖就义的事迹。

（十二）怀柔第一党支部纪念馆

怀柔第一党支部纪念馆位于怀柔区九渡河镇庙上村。

1940年1月，昌延县联合政府建立后，冀热察昌延联合县二区区长高万章深入到昌延二区的杏树台、庙上一带村庄宣传抗日思想，建立村级政权，发展基层党组织。1940年下半年，在庙上村发展了王起田、齐利田、韩存好、王起立、韩存稳等5人加入党组织，并在10月建立怀柔第一个党支部，齐利田任书记，韩存好任宣传委员，王起田任组织委员。庙上村党支部在抗日战争中组织群众查岗送信，掩护伤员与干部，并积极支援前线部队，对平北根据地的巩固与发展起到了很大作用。

（十三）黑山扈战斗纪念园

黑山扈战斗纪念园位于海淀区百望山望京楼中。

1937年初，流亡在北平的东北抗日义勇军成员赵同等人建立国民抗日军，因其臂戴红蓝两色袖章，又称"红蓝箍"。七七事变后，在中共北方局的支持下，国民抗日军举行武装起义，吸纳共产党员与进步青年。8月22日他们奇袭了德胜门外的第二监狱，营救共产党员，缴获大量枪支，大批抗日积极分子遂归附此军。1937年9月8日，日军进犯黑山扈，国民抗日军与之激战，伤毙日军20余人，并击落敌军飞机1架，这是抗战全面爆发之后首例民间抗日团体用轻武器击落敌军飞机的壮举。国民抗日军亦付出惨痛代价，大队长杜雄飞在此次战斗中不幸牺牲。胜利的消息立刻传遍国内外，使"民气大振"，有力挫败了日军嚣张的气焰。1937年冬，国民抗日军赴阜平整训，并改编为晋察冀军区第5支队。1938年继续在北平周边地区开展抗日武装斗争，连续两次炸毁石景山发电厂的锅炉，给日伪造成了极大的恐慌。

1991年，北京市委党史研究室为纪念黑山扈战斗中英勇牺牲的革命烈士，决定在百望山修建黑山扈战斗纪念园，园内岩壁上镌刻纪念碑。杨成武将军亲自题写碑额，碑文由周英鹏书写。

黒山尼戦門紀念園

（十四）白乙化烈士纪念馆

白乙化烈士纪念馆位于密云县石城镇河北村。

白乙化（1911—1941），辽宁辽阳人。1930年加入中国共产党，九一八事变后，被党组织派往辽热地区组织抗日义勇军，进行武装斗争。

1933年，白乙化回到北平读书、任教，1936年到绥西垦区工作，任特委书记，1937年秋组织抗日先锋队，任司令员，有力配合了八路军主力兵团作战。1939年4月，抗日先锋队奉命开进平西抗日根据地，与原冀东抗日联军合编为华北人民抗日联军，白乙化任副司令员。1939年底，抗联改编为八路军晋察冀军区第10团，白乙化任团长。1940年5月，他率第10团向平北挺进，开辟丰滦密抗日根据地。同年9月，4000余日伪军对丰滦密地区进行大"扫荡"。白乙化制定了避强击弱、内外线相结合的反"扫荡"作战方针。12月15日，在冯家峪伏击撤退敌军，取得反"扫荡"的成功。1941年2月4日，在马营战斗中白乙化不幸中弹牺牲。

2006年，中共密云县委、县政府修建了白乙化烈士纪念馆。

（十五）平北红色第一村

平北红色第一村位于延庆区大庄科乡沙塘沟村。

1938年，八路军第4纵队挺进冀东，途经大庄科后七村地区，留下伍晋南率第36大队在该地区开展活动。6月在大庄科东部组建抗日组织，并建立昌滦密联合县政府，刘国梁为县委书记，张书彦为县长。10月，36大队随第4纵队撤回平西，留下刘国梁、张书彦、史克宁等人在沙塘沟一带活动。他们深入群众，宣传抗日思想与党的理论，于12月12日发展沙塘沟的张福、张朴加入共产党。不久张瑞、张银等人加入党组织，平北地区第一批农村党员在这里诞生。1940年，中共冀热察区党委和挺进军军政委员会将开辟平北抗日根据地的任务交给白乙化领导的10团。5月27日，白乙化率领10团1营和直属队，突破平绥铁路封锁线，到达沙塘沟。次日上午，周边地区日军3000余人来犯，将1营三面包围。白乙化指挥部队对敌反击，战斗异常激烈，持续到天黑，歼灭敌军200余人。抗日战争时期，沙塘沟村人民坚决支持抗日，军民团结一心，同日军进行了艰苦卓绝的斗争，为击败平北地区日本侵略者做出了重大贡献。

（十六）平西情报联络站纪念馆

平西情报联络站纪念馆位于门头沟区妙峰山镇涧沟村。

妙峰山地区平西根据地是联结北平、天津、东北等地的一条重要通道。1941年1月，中共中央北方分局社会部负责人许建国派王友（即钟子云）赴平西地区建立平西情报交通联络站，站址选在河北涞水县计鹿村。在妙峰山地区建立起出入北平的交通情报联络分站，负责与北安河、海淀等地的秘密交通人员接头、送情报，同时负责护送地下工作者出入敌占区，帮助将药品、军需物资等运往根据地。1943年冬，为了保证平津的地下工作联络畅通，决定在涧沟村建立隐蔽电台。1944年，北方分局决定将妙

峰山情报点直接划归社会部管辖。解放战争时期，该情报点仍发挥着重要作用，为北平城的和平解放做出了重大贡献。

2009年4月，中共门头沟区委宣传部会同当地党委，对联络站旧址重修，在此基础上建成平西情报联络站纪念馆，成为京内首家以情报线斗争为主题的纪念馆。

（十七）承兴密联合县政府旧址纪念馆

承兴密联合县政府旧址纪念馆位于密云区北庄镇大岭村。

早在1937年8月，毛泽东在洛川会议上就提出"红军可以一部于敌后的冀东，以雾灵山为根据地进行游击战"。1938年2月又进一步指出"以雾灵山为中心之区域，有扩大发展前途，且是独立作战之区域"。承兴密联合县正是在此战略思想的指导下建立起来的。承兴密联合县政府的建立，搭建起晋察冀根据地连接平西、冀东两块根据地的桥梁。由于离敌人最近的据点北庄不

足十里，成为扎进敌人胸膛的一把尖刀。1940年11月，冀东第3支队与13团合并，成为冀东抗日主力，以大岭村为根据地，展开了艰苦绝伦的游击战。1942年年底，盘山根据地被敌人摧毁，冀东地委西部分委机关、13团及其他机构转移至以大岭村为核心的密云河东根据地内。1943年7月，为加强对敌斗争的领导，在平密兴联合县三区的基础上扩建为承兴密联合县，县委、县政府驻地就在大岭村南沟。县政府成立后的两年内，先后成功对抗了敌军11次的偷袭、合围。抗日战争进入反攻阶段后，以大岭为中心的密云河东根据地成为向承德进军的桥头堡。

2002年，当地政府对旧址进行修复，并建成承兴密县联合政府旧址纪念馆，管内展览面积300余平方米，保存有当年使用过的实物50余件。

五、红色黎明

（一）昌宛县委、县政府驻地旧址

　　抗战时期，中国共产党在平郊建立了抗日民主政权，领导平西地区的抗日战争。抗战胜利后，又组织平西地区民众积极开展解放斗争。其组织由于时局原因，长久未形成固定地点，组织变化和地点变迁频繁。解放战争时期，昌宛县委、县政府选择妙峰山毗邻狼儿峪村的一座四合院为驻地，积极发展党组织，发动民众、动员青年参军和支持革命，支援解放战争前线。同时积极领导昌宛人民开展武装斗争，推动了当地的解放斗争事业。

　　2013年，以"昌宛县革命历史展览"为主题的村史博物馆开始筹建，2014年正式对外开放。

（二）四九一电台旧址

四九一电台旧址位于朝阳区豆各庄乡双桥街9号院。

四九一电台于1949年第一季度转播陕北新华广播电台节目，因此日期而得名。因其地处朝阳区双桥一带，所以民间又称双桥电台。该电台建筑于1918年动工，1923年竣工。电台当年由段祺瑞执政府与日本三井洋行联合兴建，全部采用德式建筑风格，主楼为德式二层小楼，周围是配套建筑，周边布满了高低不一的发射塔。

1937年全面抗战爆发后，日军侵占北平，建立伪政权，将其改造为中短波广播发射台。1945年9月中旬，南京国民党政府派第一批接收要员，乘坐美军运输机由汉口前来北京接收电台。当日因天降大雾，能见度很低，飞机在双桥地区低空盘旋，左机翼碰上电台西北角的铁塔尖，机毁人亡。随后，国民党政府又派第二批接收要员接收了电台。

中国共产党于1948年12月15日接管了四九一电台。并在随后的国共谈判、人民解放军横渡长江、解放南京、新政协会议召开、中华人民共和国成立和社会主义建设中，利用电台进行通信和传播，充分发挥其重要作用。1949年10月1日开国大典，毛泽东主席庄严宣告"中华人民共和国中央人民政府成立了"的声音，就是通过四九一电台的红色电波传遍全世界的。

1949年后，周恩来、刘少奇、朱德曾来此视察指导工作，并做出指示。国家多次投资对电台进行改扩建。1950年前后称为"中央广播事业局四九三台"，1955年6月6日改称"中央广播事业局九四二台"，1965年1月1日改称"中央广播事业局四九一台"。

（三）国会议场旧址

北京国会旧址位于北京市西城区佟麟阁路62号新华通讯社院内。

北京国会旧址是中华民国成立后的第一届国会的旧址，现用作新华社的礼堂。1912年4月，中华民国北京临时政府开始筹建国会，并选定原财政学堂为众议院建筑基址。众议院由东、西两部分组成，东部为财政学堂原有建筑如工字楼、仁义楼、礼智楼、信字斋等与连廊合围而成的院落；西部为新建的众议院议场，被称为"国会议场"。1913年4月8日，中华民国第一届国会开幕典礼就在此举行。1923年曹锟贿选即发生于此。1925年，改为中国法政大学，1930年中国左翼作家联盟北方分盟在此召开成立大会。1949年2月4日，中共北平市委在国会议场（当时为北平大学四院校舍）举行全体地下党员会议。

（四）六郎庄烈士纪念碑

六郎庄烈士纪念碑位于海淀区六郎庄村北园子里46号。

1948年12月，东北野战军迅速进关，各纵队派出小部队清除城郊的国民党部队，以实现对北平的包围。五塔寺是通向西直门的前哨战略要地，修建有坚固的钢筋水泥地堡，妄图阻止我军的进攻。1948年12月15日，中国人民解放军第四野战军七支队由驻地六郎庄向西直门方向前进，执行清除西郊敌据点的任务。搜索队的战士在西直门附近遭遇敌军，双方随即展开激烈的战斗。固守五塔寺踞点的敌人以钢筋水泥地堡工事负隅顽抗，我军击退国民党守军装甲车的多次反扑，歼敌百余人，相继攻占五塔寺、花园村等据点，北平西郊敌据点被全部扫除。五塔寺战斗中有数十名解放军战士壮烈牺牲，烈士们的遗体被运回六郎庄，后葬于此处。

1966年4月，为缅怀先烈，在占地面积约700平方米的原张之洞宅院遗址处，建立烈士墓，树立纪念碑。

纪念碑碑首浮雕有五星云头，碑的正面镌刻"革命先烈永垂不朽"八字，上款刻"一九六六年四月"，下款刻"北京市海淀区六郎庄大队贫协敬立"。碑后部镌刻"一九四八年十二月，中国人民解放军第四野战军七支队，在北京五塔寺战斗中，有数十名壮烈牺牲的战士，葬于六郎庄。为了怀念革命先烈的英雄事迹，特立碑以志"。

（五）东管头解放战争十八烈士墓

东管头十八烈士墓位于丰台区东管头村益泽公园内。此地安葬着为解放丰台地区而牺牲的革命先烈。

在抗日战争时期，西管头村的刘启才组织抗日游击武装，威名远扬。抗战胜利后，他被任命为涿良宛游击大队的大队长，在京津、京广线上指挥游击队频繁打击国民党军队。1947年10月，因叛徒出卖，他在大兴前辛庄不幸被捕，壮烈牺牲。

在解放战争期间，平津战役打响，中国人民解放军东北野战军第5纵队在副司令员吴瑞林的率领下，于1948年12月14日抢占丰台成功。15日，傅作义组织94军5师、13军89师、92军56师和142师、101军271师、272师和273师7个师的兵力进行反扑，其中，北路军由东西管头向泥洼进攻。进至泥洼砖窑，双方展开激战。东北野战军第11纵队先头师所部1个团投入战斗，并于傍晚时分击退了国民党军的反攻。解放军有17名战士牺牲在了争夺和守卫东管头一带的战斗中。

1984年，东管头村修建了十八烈士墓以纪念在抗日战争和解放战争中为保卫东管头村而牺牲的十八位烈士。1996年10月，十八烈士墓在益泽公园内重建。

（六）顺义区潮白烈士陵园

潮白烈士陵园位于顺义区潮白河东岸南彩镇境内。

陵园于1963年起建，当时将其定名为顺义县革命烈士墓地，将顺义地区各地的30多位英烈遗骸迁至此地安葬。1986年，此地又更名为顺义县潮白烈士陵园，并于1988年重新规划，建造革命烈士纪念碑。陵园纪念碑坐北向南，由碑基、碑座、碑身、碑帽组成。同时又陆续将顺义地区部分英烈墓迁至此地。陵园内共安葬革命时期和中华人民共和国成立后牺牲的烈士79位，其中牺牲于土地革命时期的烈士1位，牺牲于全国抗战时期的烈士8位，牺牲于解放战争时期的烈士48位，还有新中国成立后牺牲的烈士22位。占地面积13300平方米。

（七）北安河烈士纪念堂

北安河烈士纪念堂坐落在海淀区苏家坨镇北安河村村东。

北安河革命烈士纪念堂始建于20世纪50年代初，起初以旧仓库为基础建立了革命烈士堂。堂内陈列着7位出生于北安河村的烈士的牌位。1982年春，该村党支部在村东路边建成烈士堂。1984年，为纪念在解放战争和社会主义建设期间北安河地区牺牲的英烈，北安河乡人民政府建立烈士纪念碑。

纪念堂整体呈坐北望南向，按照中国传统古建筑风格建造。院内立纪念碑，纪念碑后为烈士堂。以纪念先烈在革命和社会主义建设的过程中做出的功绩。

（八）何基沣故居

何基沣故居位于今西城区宝产胡同29号。

1902年此宅原为魁公府，（清光绪二十八年）由清政府赐予镇国公魁璋居住。1945年何基沣将军购买魁公府西路房屋居住，直至1980年去世。其住处现为福绥境派出所及居民杂院。

何基沣（1898—1980），字芑孙，河北藁城人。1914年入北京清河陆军军官预备学校，1918年入保定军官学校，1929年加入中国国民党。1933年春，赴喜峰口抗击日军，以战功升为第110旅旅长。卢沟桥事变前夕，率部驻守卢沟桥一带，多次挫败日军。卢沟桥事变发生后，直接指挥驻军抵抗，成为一代抗日名将。1938年春秘密赴延安，1939年1月秘密加入中国共产党。

抗战胜利后，何基沣担任国民党军第33集团军副司令，与新四军在解放战争中保持联系。淮海战役中，与张克侠一起率部2万多人于11月8日清晨在贾汪、台儿庄地区起义。起义后，何基沣任人民解放军第四军军长，率部参加渡江战役，为解放全中国立下新功。中华人民共和国成立后，先后担任了华北行政委员会委员兼水利局局长，水利部副部长，农业部副部长、党组成员等职。是第一、第二、第四届全国人民代表大会代表，中国人民政治协商会议第一、第三届全国委员会委员和第五届全国委员会常务委员。1980年于北京病逝。

（九）平津战役指挥部旧址

平津战役指挥部旧址位于通州区宋庄镇宋庄村。

该旧址原为清末民初建筑，由两所并列三合院组成，辽沈战役后，东北野战军入山海关，发起平津战役。1949年1月2日，平津战役指挥部设在此院。罗荣桓、聂荣臻、刘亚楼等在此地与傅作义商谈和平解放北平事宜，运筹帷幄指挥前线战役。中华人民共和国成立后，此处为当地公社、乡镇政府机关所用。1964年，在宋庄村东仿建一院作为平津战役纪念馆。

（十）军调部中共代表团驻地旧址

军调部中共代表团驻地旧址坐落于东城区南河沿大街1号翠明庄。

此处是一座中西合璧式三层灰砖楼房，在20世纪30年代为京剧演员梅兰芳所有。抗战胜利后，改为国民党励志社招待所，实为美军的后勤部。

从1946年1月至1947年2月，翠明庄成为军调部中共代表团驻地。叶剑英在翠明庄办公和召开会议。李克农在此处直接领导机要科和电台的工作，而电台就设在主楼三层。代表团在此处圆满完成了党的机要通信任务，同时以此为转运站，向解放区转接、输送干部和物资。

20世纪50年代初期，原址主楼因火灾被毁，后按原样进行了修复。

131

（十一）东交民巷

东交民巷全长1552米，西起天安门广场东路，东至崇文门内大街。

该处是北京市东城区的一条胡同，旧时因这里是漕运地，所以原称"东江米巷"。晚清国力衰微，自鸦片战争后，横遭列强欺凌，东交民巷的一些地段渐渐成了西方侵略者的专属区。1900年八国联军入侵北京，巷内的户部银库就曾遭日本侵略军抢走白银300万两；翰林院内的《永乐大典》《四库全书》等珍本也被毁劫殆尽。次年签订《辛丑条约》后，东交民巷左右，东长安街以南，崇文门内大街以西，前门东城根以北，正阳门至棋盘街以东的大片地区，无论衙署民居还是祠堂庙宇，均被西方列强强行列为使馆区。

1949年1月31日，北平和平解放。据时任中共北平第八区工作委员会委员的马句回忆，选择进城路线时，毛泽东主席要求队伍一定要经过东交民巷。2月3日这一天，全副武装的解放军战士雄赳赳、气昂昂通过了东交民巷。中国武装人员不得进入东交民巷的历史宣告彻底结束，"国中之国"化为乌有，也从此洗刷了积郁在中国人民心中100多年的耻辱。

六、进京赶考

（一）清华园车站

清华园车站位于海淀区中关村街道科馨社区。

清华园车站建于1910年，是我国自主修建的第一条铁路——京张铁路距北京城最近的一个车站。原清华园车站包括售票处、候车室和货运仓库。车站坐西朝东，正面入口处横排匾额上镌刻詹天佑手书的"清华园车站"，南面墙壁上亦有"清华园车站"竖匾。

京张铁路是中国人自主设计修建的第一条铁路干线，在我国铁路工业发展史中有着重要的历史地位和意义。而清华园车站作为京张铁路的重要站点，不仅是珍贵的工业遗产，而且是一处重要的革命历史遗迹。

1949年3月25日，中共中央领导人毛泽东、刘少奇、周恩来、朱德、任弼时等同志从西柏坡移迁至北平，从涿县（今河北涿州市）乘坐铁路专列进京。因为当时原定下车的前门车站一带特务活动猖獗，于是临时决定在清华园车站下车，并由此转乘汽车进城。

1949年10月1日举行开国大典时，清华大学的学生队伍于清晨赶往清华园车站集合，坐敞舱车到西直门后，再步行到达天安门广场。

1960年，为了配合清华大学的校园扩建，京张铁路（此时已改称京包铁路）向东平移了800米，并建立清华园站新址，原来的小站逐渐废弃。

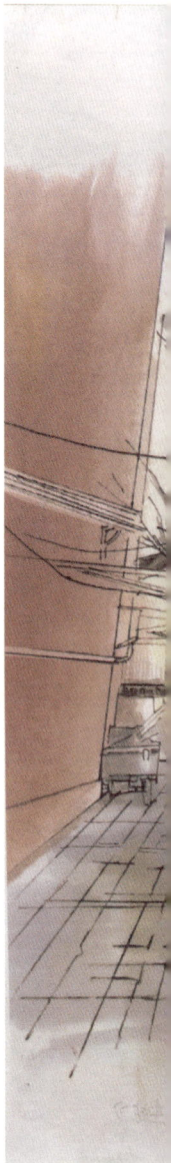

（二）颐和园益寿堂

　　益寿堂坐落于海淀区西郊颐和园万寿山东路的山坡上。

　　解放战争时期，益寿堂发挥了特殊的作用。曾是中国共产党和平解决北平军政事宜的重要谈判旧址。1949年1月21日，中国共产党领导的人民解放军前线指挥部与当时华北"剿总"司令傅作义，达成和平解放北平的协议，其中规定双方派员成立联合办事机构。1月29日下午，北平军事管制委员会主任、北平市人民政府市长、联合办事处主任叶剑英，在颐和园益寿堂主持召开了联合办事处第一次会议。会议讨论了守城部队改编、北平市各方面的移交与接收等有关问题，确定北平城内国民党军的撤出时间，当日由人民解放军入城接防。1月31日，新华社向全国播发了《执行毛主席八项和平条件的第一个榜样，以和平方法结束战争，北平宣告完全解放》的消息。当天，中国人民解放军东北野战军第4纵队由西直门进入北平城接防。至此，古都北平宣告和平解放，平津战役胜利结束。

　　3月25日，由毛泽东率领的中共中央、人民解放军总部机关从西柏坡来到了北平，于西苑机场检阅部队，入颐和园中的益寿堂休息。晚上，毛泽东代表中共中央在这里宴请全国各地前来北平参加中国人民政治协商会议筹备会议及第一届全体会议的民主人士。

益寿堂

（三）双清别墅

香山双清别墅位于香山公园南麓的半山腰、香山寺东南半山坡上。

1949年3月25日，毛泽东随党中央从河北西柏坡迁入北平，住在此处，直到9月份迁居中南海。毛泽东在这里指挥了渡江战役，筹备了新政协和中华人民共和国的成立，发表了一系列重要文件，写下了《人民解放军占领南京》《论人民民主专政》等不朽诗篇及文章。双清别墅是建立中华人民共和国的重要历史见证地，正如周恩来所说，我们"要记住这个地方"。

1994年，双清别墅被命名为"北京市青少年教育基地"，是对广大青少年进行爱国主义和革命传统教育的校外课堂，是企事业单位、学校举行主题党日、团日、队日活动的重要场所。

（四）香山来青轩革命旧址

来青轩"四大书记"住处位于香山寺北侧。

来青轩建于明代，原建筑为斋室五楹。来轩中远眺，千顷稻田尽收眼底，故明万历皇帝御题"来青轩"。清康熙帝在轩内又御题"普照乾坤"匾及楹联一副。乾隆也曾多次游幸此地，称这里"远眺绝旷，尽挹山川之秀"，并重题"来青轩"匾额，将此地定为静宜园二十八景之一。1860年此处毁于英法联军之手，民国年间建成近现代建筑样式，曾用作旅馆、慈幼院学生宿舍。

1949年3月中共中央迁驻香山时，毛泽东居住在双清别墅，为工作方便，刘少奇、周恩来、朱德、任弼时就住在距双清别墅100多米远的来青轩。他们和毛泽东一起指挥了渡江战役，会见各民主党派的代表人物和爱国人士，筹备了中华人民共和国的成立，完成了扭转中国命运、决定中国前途的重大事件。这是当年中共中央运筹帷幄的领袖们战斗过的地方。

（五）香山作战局旧址

香山作战局旧址位于北京市西北郊的香山静宜园。

静宜园全园结构沿山坡而下，是一座完全的山地园。1949年3月23日，作为全军指挥作战的枢纽——中共中央军委作战部作战局离开西柏坡，经石家庄、保定，于25日入驻此处。在静宜园工作半年多之后，于10月25日迁到北京城内。

作战局在香山期间，是解放军举行空前规模作战时期。作战局的参谋工作人员坚持把各路大军的作战预案、战况进展，不断标绘成显示图，分送中央和军委首长。同时把毙伤俘敌人数、缴获武器物资、解放城市、土地面积、人口、毙俘敌军将官名单及我军伤亡消耗、我军实力增长、敌军兵力增减、敌占区内人民武装活动等情况及时综合整理上报首长，通报给前方和有关部门，发布战况新闻报道和成绩公报。1949年6月15日，中国人民革命军事委员会主席毛泽东，副主席朱德、刘少奇、周恩来和彭德怀发布命令，颁布了中国人民解放军的军旗和军徽样式及其制作规范。这项工作就是作战局在香山期间完成的。

除设计制作军旗、军徽外，作战局还承办了拟定人民解放军胸章式样的任务。1949年2月20日由中央军委在西柏坡下达全军。6月3日在香山又拟稿由军委发出了关于佩戴胸章补充规定。另外，作战局在香山还受命承办设计、印制了军用通行证，于5月30日以"军委参"名义致电各军区、各野战军并转各城市军管会，6月1日起开始使用。

后 记

为贯彻落实习近平总书记关于弘扬革命文化、传承红色基因的系列重要讲话精神，切实把革命文物保护好、管理好、运用好，发挥好革命文物在党史学习教育、革命传统教育、爱国主义教育等方面的重要作用，教育部高等学校社会科学发展研究中心、高等学校中国共产党革命精神与文化资源研究中心、牡丹江师范学院组织编写了《红色旧址手绘系列读本》，献礼中国共产党百年华诞。

编写动议始于2017年，经过几年的磨合，形成了以图证史、以省域为单位分卷绘制的总体框架。每卷以中国共产党领导全国各族人民进行革命、建设、改革的伟大奋斗历程为主线，以承载重大历史事件或重要历史人物活动的革命旧址为主要绘制对象，以艺术的张力展现百年大党的光辉历程、伟大成就和宝贵经验。

自2020年2月启动以来，理事会秘书处多次邀请有关党史专家对系列读本的编写提纲、书稿初稿和修改稿进行专题研讨和集中审读，就系列读本的风格体例、总体框架、绘制方法、艺术表现等内容进行了多次研讨。在此过程中，注意充分发挥集体攻关的优势，统一思想，协调行动，确保编写质量。

系列读本由教育部高等学校社会科学发展研究中心主任王炳林、牡丹江师范学院原副院长（现黑河学院院长）杨敬民任总主编，朱喜坤、储新宇任执行主编，崔文龙、朱博宇、张翔参与了书稿的审改工作，并做了大量的组织协调工作。全书由王炳林、杨敬民负责统改定稿。

系列读本实行分卷主编负责制。本卷由首都师范大学负责组织编写，首都师范大学马克思主义学院黄延敏、赵东旭任主编。参与本书编绘的人员有常建勇、王海滨、刘新月、冯琦、匡颖晨、余国全、李明珠、陈畏、汪港清、徐岩、张彪、江寿国、谢明扬、张煜、任艺、郝雪婷、宋佳益、吕卓彦、李畅、王霄、王淑雅、黄庆鑫、张琳、孙春迪、兰宁、黄东婷、邓儒思、魏一、潘雅婷、李晓梅、康颖、汪艺译、李金、韩福森、陈秉辰、黄豫、陈慧、高希玥、蒋志鹏、何洁、张传娥、宗俊潇、袁震、马硕、赵玲、罗云仪、张仕栋、胡芳婷、戚采薇、赵婷、韩金鹏、丁静冉、许璇绮、李佳、张逸瀛、贾昕乔、张莹、谷傲、邱婧、隋荣钰、徐婷婷、张煜、郝博辰、谭智丹、黄梦林、贺顺畅、王嘉齐、周于加、陈雨菲、董枫、樊珹、贺楚婷、黄豫、陈雨薇、肖蓉成、许若溪。刘晓鑫、张加春、郭圆圆校对了书稿。李红喜、丁云审改了书稿。中共北京市委党史研究室对全书认真审读、严格把关，确保了史实的真实性和准确性。

本书是2021年度国家社科基金重点项目"中国共产党革命精神谱系研究"（项目编号：21ADJ011）的阶段性成果，是教育部社科中心基本科研业务费专项资金项目"中国共产党百年红色文化研究"（项目编号：GY202006）的成果，得到2018年度教育部高校示范马克思主义学院和优秀教学科研团队建设项目（重点选题）"'中国近现代史纲要'专题教学指南研究"（项目编号：2018JDSZK015）与北京市社科基金项目暨2018年度首都大学生思想政治教育战略课题"北京红色文化资源传承与大学生思想政治教育研究"（项目编号：BJSZ2018ZL04）的资助，得到了牡丹江师范学院中国抗联研究中心的大力支持，得到了中国文史出版社的大力支持，在此表示衷心感谢。

由于编写者水平有限，不足之处在所难免，欢迎专家学者和广大读者批评指正。

系列读本编委会

2021 年 12 月